万有文化

改变命运，就要
好好说话

彭浩◎著

金城出版社
GOLD WALL PRESS
中国 · 北京

图书在版编目(CIP)数据

改变命运，就要好好说话 / 彭浩著. —北京：金城出版社有限公司，2020.2
ISBN 978-7-5155-1957-9

Ⅰ. ①改… Ⅱ. ①彭… Ⅲ. ①语言艺术－通俗读物 Ⅳ. ①H019-49

中国版本图书馆CIP数据核字(2019)第285548号

改变命运，就要好好说话

作　　者　彭　浩
责任编辑　岳　伟
责任校对　王寅生
开　　本　710毫米 × 1000毫米　1/16
印　　张　14.5
字　　数　148千字
版　　次　2020年2月第1版
印　　次　2020年2月第1次
印　　刷　天津盛辉印刷有限公司
书　　号　ISBN 978-7-5155-1957-9
定　　价　59.00 元

出版发行　金城出版社有限公司　北京市朝阳区利泽东二路3号　邮编：100102
发 行 部　（010）84254364
编 辑 部　（010）64391966
总 编 室　（010）64228516
网　　址　http://www.jccb.com.cn
电子邮箱　jinchengchuban@163.com
法律顾问　北京市安理律师事务所 18911105819

自序

沟通助你实现梦想

随着移动互联网的发展，人与人之间的关系越来越亲近。天南海北的人，都可能因为某个相似的观点而彼此“点赞”。

在网络时代，没人知道你的长相如何、年龄几许。帮你连接外部世界的工具，是你自己表达出来能让对方理解的思想。

思想是内在的语言，语言是外在的思想。语言是打开心门的钥匙，枪炮可以穿透人的身体，语言可以穿透人的灵魂。想让语言深入人心，需要一个能让你彻底掌握沟通的流程。

大多数的商业行为，是人与人之间的行为。同样，大多数的商业活动，也是社交活动。思想是货币，社交是流通。因此，提升社交沟通能力十分必要。

网络上的快速社交，缺少的是面对面沟通的温度。因此，有温度、有价值的沟通，是增强人们彼此间连接和提高沟通效率的核心。

有些人的事业没有取得好结果，不是因为他没有努力。恰恰相反，他为此付出了极大的努力，只是没有掌握正确与人沟通的流程和方法，导致结果不尽如人意。

我们以做酸辣土豆丝为例：要做好这道菜，正确流程应该是洗净、去皮、切丝、浸泡和爆炒。

如果流程错了，会有什么结果呢？我们买回土豆，先切丝再去洗，爆炒完了再把土豆皮一根根去掉，最后泡泡水端上来。

试问，这样的土豆丝有人愿意吃吗？

希望这本书的出现，能让所有努力的人在与别人沟通时，都能用正确的方法和流程，表达出自己的真实思想，让自己的付出得到应有的回报。

在本书中，我精心收集了近年来在实际操作中的沟通技巧，结集成书呈现给读者朋友。书中内容通俗易懂，让你读起来轻松欢快，一看就懂，一用就会。让你无须死记硬背，就可以迫不及待地找身边朋友沟通。

古希腊著名科学家阿基米德说："给我一个支点，我可以撬起整个地球。"我希望通过本书，帮你撬起你的梦想。

用一首诗来表达我的心路历程：

一朝持麦起，便思听者益。

不念己所得，但求台下明。

目 录

CONTENS

04

保持正视

05

表达赞美

06

如何提问

07

积极环境

01

让话语充满力量

有效话语才重要

我们思考一个问题，说话是为了什么？

是为了说得有道理、为了说得精彩，还是为了争论对错？

其实，我们是为了达到某种目的才说话的，因此让话语更有效才是我们追求的目标。

有道理的话不一定有效，有效果比有道理更重要。

“努力不一定成功”这句话很有道理，可是对他人并没有起到帮助作用。

我问一位工作态度消极的员工：“为自己的梦想去努力，是不是一件很美好的事情？”他告诉我：“努力又不一定成功，万一失败了，不是白白付出了吗？”

我问另外一位非常努力的员工：“你为什么如此努力呢？”他告诉我：“母亲经常告诉我，努力一定会成功，我相信自己只要不断努力，就一定能收获成功。”

我突然明白，好好说话对一个人太重要了。一个人对自己说什么样的话，就会有什么样的人生。

精彩的话往往并不实用。我听过一些很精彩的演讲，听起来十分鼓舞人心，可是具体实施就不清晰了。这样的话语，很难真正帮助到他人。

英国首相丘吉尔一生曾发表了许多著名演讲。在其众多演讲中，有一场时长仅一分钟的演讲。这场演讲没有华丽的辞藻，没有气势恢宏的排比，仅仅只有14个字，却彻底激发了人们战胜困难的信心，激励青年人为祖国贡献自己的力量。这14个字就是："绝不放弃！绝不！绝不、绝不、绝不放弃！"

说话不应该刻意追求精彩，而应该注意如何说更有效，如何说更能激发听众的行动力。只有行动才能创造结果，实现目标。

"对"的话往往并不正确。有烦恼的人都有一个通病，想证明自己是对的。这也是沟通中致命的一点。一旦争论对错，沟通就难以达成共识，最终结果就是不欢而散。据理力争，不是为了证明对错，而是为了实现公正。

无须证明对错，因为你永远都是对的，无须去证明。

很多事没有对错，只是角度不同。站在自己的角度思考，你永远都是对的。我们再思考两个问题，对的一定是正确的吗？对的一定有结果吗？

灭火器能灭火，相信你一定认同这句话是对的。灭火器不能灭火，还叫什么灭火器？

但是假如你发现一个地方起火了，你刚好有灭火器，同时也很勇敢想要救火。你直接把灭火器当手榴弹扔进火堆，不仅不能灭火，反而会爆炸。

灭火器能灭火是对的，在灭火器上会标明正确使用方法。如果你没有使用正确的方法，就灭不了火。也就是说，对的并不一定是正确的。

很多时候，你的观点是对的，但是没有做到正确使用自己的观点。大多数人一旦认为自己有道理，就会咄咄逼人，甚至站在道德的制高点上指责他人，得理不饶人。这样做，即使是对的观点，他人也无法接受。

或许你已经发现，他人反对的根本不是你的观点，而是你呈现观点的态度和方式。

如果你的观点很好，请用正确的方式将它呈现出来。让话语真正产生影响力，促人行动，才能达成结果。

本书围绕说话的三要素进行详细讲解，即：

为何说？（目标）明确说话想要的结果；

说什么？（内容）说什么话能支持你达成目标；

如何说？（方式）用正确的方式让话语充满力量。

读完本书，你会发现自己的话语充满能量。

说话的核心目标

说话的核心目标是什么？多年来，我一直思考这个问题。直到开始研习中国传统文化，才真正找到答案。

说的繁体字写成“說”，左边为言，右边为兑。老祖宗透过这个汉字本身，告诉了我们说话的真谛。

你的人生由你说

你说的话都会兑现成真，你的人生是由你说出来的。

对自己说正确的话，采取正确的行动，收获丰富的人生；对自己说错误的话，采取错误的行动，收获贫瘠的人生。

当你每天对自己说“好的”“一定有办法”“我完全可以做到”等积极的话语，你的每一天都会过得非常顺利。即使遇到了困难，也能渡过难关。

相反，如果你每天都对自己说“太糟糕了”“他一定是针对我”“真的是没办法了”等消极的话语，你的每一天都会过得非常痛苦，遇到的挫折也会增加，自然显得运气不好。

看看身边的人，你会发现，他们的人生也是由他们说出来的。

经常抱怨自己老公或老婆的人，对方在他眼里真的变得越来越不好；经常说自己没钱的人，真的都是与金钱无缘的人；经常说自己身体不好的人，他们的身体真的不太好。

当我悟到这一点后，我每天都会对自己说一段正能量的话。

凡开口说话消极负面，向下向恶，就是害人害己；凡开口说话积极正面，向上向善，就是利人利己。

从今天开始，我只说积极、正能量和能激活他人的话；所有消极的思想和消极的言论，到我这里要全部停止。因为我知道，我的人生是由我说出来的。

当我这样做时，我深深感觉到心中充满了一种神圣的力量，助我开口成真，心想事成。

广州一位女士1个月内招募了16个加盟商，以前她去约见一个人，如果对方只是简单回应，她就会对自己说："她肯定没什么兴趣，才聊了不到5分钟，肯定没戏，还是找下一个吧！"她对自己说了错误的话语，输入了错误信息，所以做出了错误行动——不再去约见他们，结果这些人真的没有加盟。

后来，她开始和自己好好说话，如果遇到类似的情况，她会对自己说："太棒了，初次见面就聊了5分钟，说明她对这个项目非常感兴趣。"当她开始说正确的话语，她就会采取正确的行动，继续跟进这些合作伙伴，这些人中的大多数自然选择了与她一起合作。

让你放弃的原因不是对方的回应，而是你对对方回应的解读。

在我立志要成为演说家时，很多一起学习的同学嘲笑我："一个连话都讲不清楚的人还想成为演说家，简直是天方夜谭！"甚至老师都开玩笑说道："如果彭浩能成为演说家，那母猪都能上树了。”

大多数人听到这样的话都会很泄气，甚至会很难受，因为被很多人当众否定是一件十分痛苦的事情。

我当时也一样，感到非常窘迫。不过，我马上升起一个念头，让我浑身开始不自觉地颤抖，脸上洋溢着抑制不住的笑容，兴奋得想要跳起来。在同学们的惊讶声中，我大声说：“如果话都说不清楚的我能够成为演说家，对于听众的激励作用就太大了，能让他们更有信心去追求他们的梦想。所以我一定要成为演说家！”

这一想法给我带来极大的力量，让我乐此不疲地投入到成为演说家的练习和实践中。

回顾你自己的经历，你或许也会发现，在你的过往也有很多这样神奇的时刻，通过调整自己的内在语言，能让自己充满力量。希望通过本书，能帮助你们让过往那些神奇时刻的行为成为本能，让你随时随地处于这种高能量的状态中。

说话让梦想成真

说话的核心目标就是让我们心中所想兑现成真。通过激活听众的感受，促使其自发行动，进而将话语兑现为成果。

杰克·坎菲尔德在《吸引力法则》中讲到，思想就是现实。思想即每个人的内在语言。不是想法会成真，而是想法引发的感受会成真。说话的核心，就是激活听众的感受，这种感受会让话语充满力量。

当然，感受有好坏之分，好好说话就是让你产生好的感受。

说话的两个阶段

很多人说话都会经历三个阶段。只有经历了这三个阶段，克服每个阶段遇到的困难，才能成为沟通高手。

第一阶段：不敢说

我们身边有很多这样的人，他们很有才华，但就是不敢大胆表达自己的想法。试问，如果一个人无法很好地自我表达，他人如何能知道他的心中所想，进而做出回应?

有句古话说得好：“开口三分利，不给也保本”。可是如果你不敢开口，就不能怪别人不懂你了。

我以前是一个不敢开口说话的人,就连看别人一眼都会脸红。但我的第一份工作恰巧是销售，要不断和顾客沟通交流。那时我常常十分窘迫，一见顾客就“面红耳赤眼神慌，手脚不知何处放”，导致“满腹经纶显不出，辛苦半年无销量”。

后来，我下定决心要做出改变。我开始参加各种培训会，不断练习说话的技巧，最终突破了自我，成为一名沟通高手。

经过研究，我发现很多人不敢说话，有两个很重要的原因。

原因一：对自己说错了话

如果你经常对自己说："我真的太紧张了，不知道该说什么。"那么你自然不敢说话。

要培养自信，培养对自己的爱，转变自我评价方式是一个重要方面。大多数人的自我评价往往导致自我憎恨，无助于自己的学习提高。

一个人做错事，通常都会对自己说"我怎么这么蠢""我总是把事情搞得一团糟""我就是个废物，再怎么努力也没用"……

这种自我批评意味着：你认为自己所做的事情是错的，自己应当为此感到痛苦。这让许多人陷于自我憎恨之中无法自拔。

这就是典型的对自己说了错误的话语。即使有时通过严厉的自责"得到了教训"，也要防止这种自责导致不好的转变和对学习驱动力的不良影响。

真正的改变是出于对生命的热爱，而不是出于羞愧或内疚这类有负面影响的心理。

对自己说正确的话语，告诉自己"我可以""我行"，这类积极的话语会带给自己力量。因此，我们要大胆开口说话，迈出自己的舒适圈。

身边有很多人，一开口说话就会莫名其妙地紧张，头脑一片空白。

我做过一个很有意思的互动。这个互动做完之后，学员的思维模式很快改变了，开口说话流畅自如，甚至面对成百上千人发表公众演讲也能坦然自若。

有位学员运用这个互动技巧，帮助自己的营销团队彻底改变思维模式，使整个团队斗志昂扬。仅用半年时间，就从排名垫底的团队成长为公司前三名的团队，现在已经是冠军团队了。

这个互动就是重新定义。如何进行重新定义呢?

当你看到一个人表现得很紧张，可以问他："你有哪些反应，让你认为自己紧张了？"这时他会给出一些答案，如腿发抖、心跳加速、大脑一片空白、语无伦次、脸红或是冒汗等。

你继续问他："因为有这些生理反应，所以你对自己说'我紧张了'？"

得到他的认同后继续问："如果你今天彩票中奖 3000 万元，极度兴奋，身体会有哪些反应？"

通过这组对话我们发现，当一个人极度兴奋时，身体反应和紧张时并无二致。

腿发抖、心跳加速、大脑一片空白、语无伦次、脸红和冒汗等，只是客观的身体反应，而紧张、兴奋却是自我定义。当你对自己说紧张时，你就会陷入紧张的情绪状态；当你对自己说兴奋时，你会发现真的可以进入到那种情绪之中，且越来越兴奋。

如果一个人遇到这种现象，对自己说："哎呀，是不是中奖了。"那他接下来的应对方式就完全不一样。

由此可见，我们的人生完全是由自己说出来的。话语说出来的那一刻，就给自己下了一个定义，接着我们会不断收集证据来强化这个定义。强化的次数足够多，定义就成真了。

所以突破不敢说的方法是：但凡自己紧张时，立即改变定义方向，告诉自己是太兴奋了。

我曾经在无数次公众演说时，一开场就对听众说：“今天看见各位家人们，我真的是太兴奋了，兴奋得大脑一片空白，都不知道该说什么了。”我这么一说，自己的情绪瞬间到达兴奋状态，听众也会被感染，进入开心兴奋的状态，使演说在轻松愉快的氛围中顺利进行。

原因二：怕丢脸

很多人不敢说话是因为怕丢脸。

李嘉诚说过一段非常经典的话：“当你放下面子赚钱的时候，说明你已经懂事了。当你用钱赚回面子的时候，说明你已经成功了。当你用面子可以赚钱的时候，说明你已经是人物了。当你还停留在喝酒、吹牛，啥也不懂还装懂，只爱所谓的面子的时候，说明你这辈子也就这样了。”

> 一个人最大的成就就是耻辱过，一个人没有丢过脸就不可能拥有真正的成就。

我出生在一个农村家庭，那时所有家庭都信奉一句话：“农村的孩子，只有好好读书，考上大学，才能有出息。”父母非常爱我，在我的学习上分外上心。

他们辛苦工作，给我买很多学习资料。为了让我有足够的时间学习，在家可以不做家务，也不用和邻居打招呼，甚至过年都不用和亲戚说话聊天。

想象一下，一个人如果持续 9 年不和人说话交流，会处于一种怎样的状态。在当时，我真的忘了嘴巴除了吃饭外，还有一个功能是说话。

但是参加工作后，我却了解到一个事实：知识很重要，但是把知识表达出来并运用好更重要。要想吃好饭，先要说好话。

一次，我被公司主持人点名回答问题，还没开口就已经面红耳赤，憋了半天才说出两个字。结果被主持人当众质疑是不是有大舌头的毛病，当时我感觉丢脸丢到家了，真想找一个地缝钻进去。

我告诉自己，一定要改变，一定要学会说话。不要怕丢脸，豁出去了，反正已经丢过脸了。

之后我鼓起勇气，每天找陌生人聊天，在公园大声练习演讲。慢慢地，讲话时面红耳赤的现象不见了，说话也越来越自然。于是我开始给店里的顾客做演讲，可是没讲几分钟，顾客就开始打瞌睡。当时我告诉自己，熟能生巧，只要多讲，就一定能成功。

一个月后，我做到了在讲台上泰然自若、侃侃而谈，每天都能吸引大批顾客从各地赶来听我演讲。

当你放下面子去做时，你会发现，一切其实非常简单。

放下面子就是放下对他人看法的期待。

在犹太教义中有这样一句话：“倘若自己都不为自己活出自己的人生，那还有谁会为自己而活呢？”

我们不是为了满足他人的期待而活。如果一味寻求他人的认可、在意他人的评价，最终就会活在他人的人生中。过于期望得到他人的认可,就会按照别人的期待去生活,就会舍弃真正的自我。

这样的人生就像提线木偶，人生被他人操纵着。要想打破这种禁锢，就要活出真实的自己，不要在意他人的看法和评价。

假设你在马路上捡到了垃圾并把它放进垃圾桶，但是周围的人根本没有注意到你；或者即使注意到了，也没有人说一句感谢或表扬的话，你以后还会继续这样做吗?

我希望，我们选择做一件事情的出发点是基于对世界的爱，而不是为了满足他人的期待。你无法左右他人对你的看法，但你可以选择你认定的道路，做真实的自己。

因此,我们要大胆说话,让内心真实的力量透过语言展现出来,不要在意他人的目光。

第二阶段：敢说却说废话

废话就是这句话说出口后，无法激活听众的感受，也无法让其采取有效行动。

讲话有三大核心。大多数人讲话没有结果,经常讲废话的原因,就是偏离了这三大核心。

这三大核心只有六个字，广州一位老板学习之后，非常激动地说道：“虽然只是简单的六个字，可是里面包含了很深的智慧，如果能够真正做到这六个字，在沟通上就没有任何障碍了。”

核心一：真实

大多数人说话没有达到预期的效果，是因为没有表达出内心最真实的话语。真实就是让我们看清自己的心，看清自己真正的需求。如果你不知道自己真正想要的是什么，那么你的表达一定是不真实的，自然无法产生力量。

例如一位妻子想让丈夫早点回家，内心真实的需求是希望得到先生的陪伴，可是说出来的话却是："你死到哪里去了，知不知道现在几点了？孩子需要你呢！"

你对一个人发火，你是真的想骂他，还是在情绪背后有一个真实的需要？

其实你真正想要的，并不是要证明他蠢、不负责任或嚣张等，而是希望他能处理好事情，能尊重他人。

母亲看到儿子房间很乱，十分气愤，经常说儿子是懒虫，导致母子关系非常糟糕。通过学习后，她认识到自己内心真实想要的不是让儿子成为懒虫，而是希望儿子能整理好房间。意识到这点后，她改变了和儿子的沟通方式，达到了想要的结果，和儿子的关系也得到了极大改善。

> 所有批评都是对没有得到满足的需求的可悲表达。可悲是因为它没有实现说话者想要的结果，反而导致双方关系紧张、出现问题。

能随时随地看清自己内心真实需求的人，被称为觉悟的人。觉悟，从字面理解就是学习看见自己的心。当我们看清了自己的心，也能感知他人的真心时，就觉悟了。好好说话就是具体的修行法门。

当你按照本书提供的说话方法练习一段时间后，你会发现你能自动将听到的批评，转化为对方没有得到满足的需求。

利用情绪导航系统，能轻松判断当下的想法是否为内心真实的需要。

每一种情绪感受，都是你与内心世界交流的结果，能帮助你判断现在的所想、所说和所做是否合适。

你的想法不符合整体目标，会产生消极情绪；你的做法或说法违背了真实自我，或者与内心想要的事物不一致，也会产生消极情绪。同样的道理，如果你的想法、说法和行为与本意一致，就会产生积极情绪。

情绪导航系统，就是提醒你时刻关注内心真实需要的工具。当你感到有消极情绪时，就是在提醒你当下所关注和思考的内容，与你内心真实想要的不一致。消极情绪就是在提醒你，要回归自己的真实需求。

朋友问我："为什么你的状态那么好，你是如何坚持下来的？"

当时我分享到："我并没有坚持，之所以状态好，是因为我有一个非常明确的目标要去达成，我的关注点都在达成目标和目标达成时的美好画面上，所以我的情绪状态自然是积极向上的。"

无论何时，只要你感觉良好，就说明此时此刻你的谈话、思考和行动与你的目标一致；无论何时，只要你感觉糟糕，就说明偏离了目标。

简而言之，你的内心出现消极情绪，肯定是因为你对自己说了错误的话语，采取了错误的行为。

一位40000人团队的管理者结合自己的经历，做了一个非常好的总结。

她说，有一个阶段，她和团队每天一起重复确认目标，每天围绕着达成目标这一件事情努力。那段时间，她和团队的状态非常好，每天都非常有斗志。但是过了那个阶段，她开始关注达成目标过程中遇到的障碍，她的能量立刻下降了，涌现出很多消极情绪。后来她明白了这些消极情绪的出现，是提醒她把注意力调整到目标上来。所以她的团队现在状态很好，每个人都很有活力。

因此，调节心态都是伪命题，心态不会独立存在。调节心态的核心在于激活内心真实的需求，通俗点讲，就是明确目标。

一个人只要明确自己想要的，心态自然就调整好了。

在四川成都，一个90后小伙子从公司极为头疼的对象，成长为卓越的销售高手。

当所有人都在告诉他什么该做什么不该做时，我带着欣赏和好奇问他："现阶段你最想达成的结果是什么？那种一旦达成，就会非常开心的结果。"他告诉我，他特别喜欢大学时的一个班花，做梦都想追到她。

当我了解这点后，开始运用说话的技巧，不断激活和强化他这个目标，让他想象和感觉牵手成功后的美好画面。他知道那个女孩特别喜欢苹果公司的产品，于是决定买一台崭新的苹果电脑和一部手机，去向自己的女神表白。这成为他努力工作的目标。

我问他："万一客户再次拒绝你，你会怎么做？生气、翘班吗？"

他激动地说道："我傻呀，实在不接受，不会找下一个吗？客户那么多，我可没有那么多时间去黯然神伤。"

由此可见，当一个人的梦想和目标被彻底激活，他就具备了克服任何困难的勇气。

核心二：准确

很多人说话没有结果，是因为表达不够准确。

如果你搭乘一辆出租车，和司机说要去香格里拉大酒店，司机一定会问你是哪一家香格里拉大酒店。因为你的表达并不准确。

最可怕的是，你以为自己表达得很准确了，对方也以为自己听明白了，结果双方的理解却是天差地别。如果上文提到的司机不问你去哪一家酒店，直接载你去了他认为你要去的香格里拉酒店，很有可能当到达后你才发现，并不是你要去的那一家。

一位公司领导人在分享自己的经历时，先唱了一句经典的歌："多么痛的领悟，只因说话太模糊。"她对自己的伙伴说："你们要努力，多投入一些时间在这份事业上。"可是结果总是不如人意，让她很不满，这样的情绪导致团队氛围极差，每个和她合作的代理压力都非常大。

我问她几个问题，她就明白了，回到公司后转变了说话模式。三个月后，她的团队比之前壮大了 5 倍。

类似的情况，一位女士转变了说话模式，她的丈夫变为了她心中的理想丈夫。

这几个问题虽然简单，却具有不可思议的力量。

第一个问题是："你有准确表达你的需求吗？"

上文提到的那位公司领导人，听到这一问题后回答道："有啊，要他们努力，多投入一些时间在事业上面！"

我继续问道："那么以前他们每天可能投入 15 分钟在这份事

业上，听完你的要求后，现在增加到每天投入 18 分钟，是不是多投入了一些时间？”

她说：“有是有，可是远远不够啊！”

我继续问：“那么，你想要他们每天在这份事业上投入多长时间呢？”

“当然是越多越好。”她说完后，所有人都笑了，她自己也笑了。在笑的那一刹那，她明白，团队做不到她的要求，是因为自己没有准确表达需求。

如果你不清楚自己要什么，对方就无法做出准确回应。

A 说：“会面一结束，就在之前碰头的地方见吧。”B 说：“下午 3 点在 XX 酒店的大厅等你。”

相比之下，B 的表达更准确，能让对方印象深刻，也知道该如何做出回应。

一位妻子希望丈夫更爱她，可是结果往往并不如意。因为妻子没有准确表达自己的需求。丈夫怎样做会让这位妻子感受到爱呢？如果她不准确表达，丈夫只能按照自己的理解去做。

女士回家后，直接对先生表达自己的需求：“可以给我一个拥抱吗？我很喜欢你的怀抱。”“能每晚都对我说句我爱你吗？这样会让我更有安全感。”之后她每天都非常开心，夫妻间的关系越来越好。

一只兔子给鱼吃胡萝卜，鱼连续三天都没理他，最后鱼儿实在气不过，跳出水面骂兔子：“你个傻兔，鱼吃胡萝卜吗？”兔子立马委屈了："我都把自己最心爱的胡萝卜给你了，你还要我怎样？"

爱，要准确地说出来。

准确表达你想要的，清楚地告诉对方，你希望他们做什么。如果你想让对方停止某种行为，也要准确表达，否则对方会感到困惑，不理解你的真实需求，也容易引起他人的反感。

大部分的表达都是抽象的，抽象的语言无法帮助我们深化自我认识。因此，我们要避免抽象的表述，准确表达自己想法。

一位母亲向我咨询道："我让孩子少玩游戏，结果玩游戏少了，又沉迷抖音。"这位母亲表达出了她不想要什么，但没说清楚她想要什么。我鼓励她直接说出愿望，她想了想说道："我希望孩子每天至少有一个小时练习钢琴。"如果她一开始就准确表达这一愿望，孩子就能准确理解并做出回应。

核心三：完整

完整表达有两大要点：一是为自己的情绪负责，意识到所有的情绪只与自己需求是否得到满足有关；二是为他人负责，让他们看见事情背后的价值。

1. 为自己的情绪负责。

A："你昨晚没来，我很失望。"

B："你昨晚没来，我很失望，因为我想和你说一些烦心事。"

A 认为，她的感受是由他人的行为引起的，这会带给对方情感上的压力，容易造成不必要的误会。B 认为，她感到失望，是因为她的愿望没有得到满足。这样不会带给对方情感上的压力，对方能更好地感知 B 的需求，让谈话走到正确的轨道上。

在完整的表达中，自己对自己的情绪和感受负责，这样的表达能让对方知道如何回应你的需求，进而起到良好的效果。

如果我们想利用他人的内疚达到一些目的，我们通常会把自己不愉快的感受归咎于对方。家长会和孩子说：“你成绩不好让爸爸妈妈伤透了心！”言下之意是，他们的快乐或不快乐都是孩子的行为造成的。看到父母痛苦，孩子可能会感到内疚，并因此调整自己的行为来迎合他们。但这种调整只是为了避免内疚，而非出自对学习的热爱。

父母并不是因为孩子成绩不好而伤心，而是因为自身的需求没有被满足而不快乐。这些需求可能是：做一个好父母、教子有方和安心等。

如果孩子成绩不好就会让父母伤心，那么所有父母在孩子成绩不好时都会伤心。显然不是这样，有一些父母，孩子考 0 分都很高兴，这是因为每个人的需求不一样。感受只是需求是否得到满足的一种表达。

批评往往暗含期待。对他人的批评间接表达了我们尚未得到满足的需求。一个人说“你从不理解我”，实际上想表达的是渴望得到理解。如果妻子说“这个星期你每天都工作到很晚，你只喜欢工作，不喜欢我”，反映了她看重亲密关系。

我们要把自己真实的需求完整而准确地表达出来。这样做，他人才能做出积极的回应。

2. 为他人负责。

有一句话说得好：做到了解人和掌握人，你将无所不能。

了解人和掌握人的核心，就是要知道：人永远不会做对自己没有好处的事情；每个人做每一件事都有一个“善”的动机；动机和情绪没有对错，只是行为没有效果。

这三点是连贯的，都在表达人性本善。我们的所有行为，都是为了让生命更美好。

这里说的“好处”和“善”，就是做任何事都是为了满足内心的某种需求。

有人曾经问我：“抽烟没有好处，为什么还有人抽烟？”这句话听起来似乎很有道理，只是细细想，你会发现抽烟对抽烟的人来说是有很多好处的，比如缓解烟瘾、解闷和提神等。正是因为有这些好处，所以他们才选择抽烟。

同样的道理，有人喜欢扮演受害者的角色，遇到事情就怨天尤人。因为做受害者有很多潜在的好处：能得到他人的同情和帮助、能逃避责任、能操控他人、能维护自己的良好形象……

在公司里，有的员工做错了事，第一时间不是解决问题，而是大哭一场，结果本应该她去做的事情，有人替她做了，大家还要开导她。

在两性关系里，扮演受害者的一方，会经常翻旧账，让对方内疚，进而操控对方，达到自己的目的。

电视上经常看到这样的桥段，出轨的一方总是把出轨的原因推到对方身上，让你感觉到，如果你经历这样的遭遇，你也会和他做一样的选择，被迫出轨。这样做就很好地维护了自己在他人眼中的良好形象。

以上案例并不是要表达做一个受害者是不对的，而是要看到扮演受害者背后“善”的动机。一个人扮演受害者，只是他的行为方式，并不是他真正的需求。他真正想要被满足的需求可能是：被爱、被关心和被照顾等。

当你看到他背后真正的需要后，你就不会认为他做得不对了。因为我们知道，动机和情绪没有对错，只是行为没有效果。

很多人在推荐产品或项目时，只单纯说好处，没有表达完整，自然无法吸引客户。

我们应该这样改进：在你的这句话里，包含一种顾客关心的利益，后面加数字。

例如在美容行业，以前的美容师会对顾客说：“我们的产品是纯植物的，效果非常好。今天上了一套新产品，我跟你介绍一下，只需要五分钟。”当你说出这句话后，顾客往往会认为你今天要做推销，她心里那扇门已经关上了，对你有了戒心。

我们应该这样说：“女人为了皮肤好，花钱无数却效果一般，其实你们不知道，只需要按照四个简单的步骤来做，人人都可以保养得像章子怡和范冰冰。很可惜，这些美女，要么是不知道这四个核心步骤，要么就是顺序错误。”

这段话的意思是如果你是一位经常做美容的女士，你可以体验一下，只要做到我说的这四个简单的步骤，你就可以像章子怡和范冰冰那样美丽。

这时，顾客就会产生疑问，想知道这四个步骤是什么，这四个步骤的顺序又是什么。当一个人产生疑问后，她才会耐心听你讲这四个步骤，就可以抓住她的注意力。这里所说的“四个步骤”就是数字，而利益就是人人都可以保养得像章子怡和范冰冰，这就是利益加数字。

比如保险行业，采用利益加数字的方法，可以这样说：“很多人不喜欢买保险，其实他们不知道，只要掌握两个原则来指导自己买保险，不但不会有任何损失，而且收益会比银行存款高好多倍。”

这里的利益就是买保险的收益比银行存款高好多倍，数字是只需要掌握两个原则。这时对方就会想，这两个原则是什么。即便对方现在不学保险，因为天生的求知欲，也想要了解这两个原则。这时顾客才会给你说话的机会，也就是说你已经成功吸引了他的注意力。

对比下面这两种表述方式，你会发现很大不同。

“你要努力啊！”

“小王，以我在这个行业里5年的经验来看，在接下来的一个月中，你只需要每天花半小时看公司的产品手册，你就会成为客户眼中的专家，这会让你的销售业绩提升一倍以上，客户也会越来越喜欢你。”

后面的表达方式，结合了上文讲到的真实、准确和完整，让话语充满了力量。

今日功课

· 鼓起勇气，在公园或广场进行一次演讲，看看你能吸引多少人听你讲话？

02

学会倾听

倾听最易被忽视

人际交往中有三个法宝，它们具备四个特点：简单、易做、免费和世界通用。这三个法宝就是倾听、微笑和赞美。

倾听、微笑和赞美，是实现良好沟通的核心，也是投入产出比最高的沟通方法。

倾听是实现良好沟通的基础。

倾听更重要

每个人都希望感到自己很重要。

人类的最大需求，莫过于感到自己很重要，能得到他人的肯定和欣赏。研究发现，在婚姻关系中，女人忍痛割舍掉一段长久关系的主要原因，不是因为一方的虐待、刻薄或强势支配，而是缺乏被欣赏与被肯定的感受。

如今电子产品逐渐占据了人们的生活，倾听成为最易被忽视的沟通方式。

以下几种类型的人我们大多都遇到过。

用呆滞的眼神看着你，一心只想着自己要说的话，根本听不进你说的内容，没等你说完就插嘴进来，所说的内容和之前的谈话完全无关。

总说“有问题尽管来找我”的主管，你一旦真的约了时间去找他，他却只顾着讨论自己的问题。

对每堂课都抱怨的学生，上课听了五分钟就开始分心，认为所有的事情都无聊，都是在浪费时间。

研讨会上坐在你旁边的人，等台上的人一讲完，就对你说：“讲得真差！这个人都不知道自己在说什么，我最受不了打领带的人！”

这些都是不会倾听的例子。

《情商：为什么情商比智商更重要》作者丹尼尔·戈尔曼得出的结论：成功必备的能力之一就是要与他人的情感建立联系，即情商，它甚至比智商重要。他认为情商中最重要的特质是“移情”，即体察他人所说所感的能力。

哈佛大学的著名心理学家霍华德·加德纳教授，把这一特质界定为“社交智力”。幸运的是，“情商”可以通过倾听习得。

古时候，有个小国的使者不远万里来到中国，带来了很多贡品，其中最受瞩目的是三个小金人。这三个小金人一模一样，大小、重量乃至表情都不差分毫，金灿灿的，发出耀眼的光芒。一旁观看的大臣都忍不住发出啧啧的赞叹声。皇帝也十分高兴，放在手上把玩，爱不释手。

“这三个金人虽然一模一样，但是其中一个最有价值。素闻贵国人才济济，想必可以知晓哪一个价值最高，希望这满朝文武大臣中，能有人给我们一个完满的解释。”使者挑衅道。

皇帝说："这个自然不在话下，待我的臣子们研究一番，自然给你们答复。"

但是各地的珠宝匠来了又去，称重量、查做工，都没有看出任何区别。使者在一旁看了，阴阳怪气地说："想不到你们泱泱大国，连这个小问题都解决不了！"

这时，一位素来沉默寡言的老臣站出来对皇帝说："陛下，老臣愿意斗胆一试！"

只见他取来三根细铁丝，分别穿入三个小金人的耳朵，结果第一根铁丝从第一个小金人的另一只耳朵穿了出来；第二根铁丝从第二个小金人的嘴巴出来；而第三根铁丝却被第三小金人整个吞进去了。

"禀告圣上，第三个金人最有价值！"老臣说。

使者叹服地点点头，称赞道："佩服！佩服！当初制作这些金人时，特意在耳朵和嘴巴相连处做了区别，意在少说多听。这位大人高明，想必也是深谙此理的高人。"

造物主给了我们两只耳朵和一张嘴巴，其本意就是在告诉我们要多听少说。

有人听不进他人的话，左耳进右耳出，把他人的话当作耳边风；有人喜欢说话，口若悬河、滔滔不绝，不给他人说话的机会；还有人很少说话，但擅于倾听。

口才好、能说会道自然让人羡慕，也是人生的一大资本。但是最有价值的人往往不是最能说的人，而是最能听的人。

正所谓：

平日口难开，今朝话无穷。

莫道口才好，听者有大功。

倾听是一种情感活动，它不仅指用耳朵听到相应的声音，还需要通过语言、面部表情和肢体语言来回应对方，传递给对方一种你很想听他说话的感觉。在倾听时应该给予说话者充分的尊重、情感的关注和积极的回应。

积极的倾听有五大关键要素。掌握了它们，能迅速提升你的气质。

“听”的繁体字为“聽”，左边是耳和王，右边是德的右半部分。一个懂得倾听的人，就是一个品德高尚的人，听者为王。

在现实生活中，很多人急于表现自己，不给他人说话的机会，就是一种没有“聽德”的表现。

有效倾听的意义

鼓励对方

对方发现你能诚恳地听他说话，会放下戒备，反过来专心听你说话。因此，你的专心倾听会使对方也成为好的倾听者。

得到信息

想要有效解决问题，做出决定，前提是获取尽可能多的相关信息。良好的倾听能力，有助于从对方那里获取完整的信息。你的专心倾听通常会让对方更愿意继续讲下去，并且把知道的信息全都告诉你。你得到的信息越完整，越容易做出正确决定。

增进关系

有效的倾听通常能够增进彼此之间的关系。说话者有机会说明事实、表达想法，而你的专心倾听能够使你更了解对方，对方会感激你的专注，彼此的友谊会因此更深厚。

解决问题

双方能够互相倾听，更容易化解分歧。这并不代表你必须同意对方的观点，而是强调能够理解对方的立场。每个人都希望被理解，而理解对方最好的方式就是倾听。倾听有助于对方更清楚地看到自己的问题，因为通常我们自己开口阐述一个问题时，更容易看到解决方法。

了解对方

仔细倾听有助于了解对方的想法，理解对方的行为方式。加深彼此的了解，更容易与对方共事。

倾听的五项原则

倾听是一门很大的学问，需要我们长期实践才能掌握，这其中有五项原则是我们必须遵循的。

专注倾听

如果有人想和你谈话，尤其是家人，你要立刻放下手中的事情，专注于倾听对方讲话。这样做，对方会立刻认可并欣赏你的行为。在谈话中，这样的举动会赋予你强大的情感力量。你越专注，对方会越喜欢和信任你。

在美国被誉为汽车推销之王的乔·吉拉德曾有一次深刻的体验。一次，某位名人来向他买车，他给对方推荐了一种最好的车型。对方对车很满意，掏出10000美元现金准备买车。眼看就要成交，对方却突然变卦而去。

乔为此事懊恼了一下午，百思不得其解。到了晚上11点，他忍不住给对方打电话："您好！我是乔·吉拉德，今天下午我曾经向您介绍一部新车，眼看您就要买下它，为什么突然走了？"

"喂，你知道现在是什么时间吗？"

"非常抱歉，我知道现在已经是晚上11点钟了，但是我检讨了一下午，实在想不出自己错在哪里，因此特地打电话向您请教。"

"真的吗？"

"肺腑之言。"

“很好！你在用心听我说话吗？”

“非常用心。”

“可是今天下午你根本没有用心听我说话。在签字之前，我提到我的吉米即将进入密执安大学读医科，还提到他的学科成绩、运动能力以及他将来的抱负，我以他为荣，但是你毫无反应。”

乔不记得对方曾说过这些事，因为他当时根本没有注意。他认为这笔生意已经谈妥了，他不但无心听对方在说什么，反而在听办公室内另一位推销员讲笑话。

这就是乔失败的原因。那人除了买车，更希望得到的是对儿子的称赞。

正所谓：

做事需专注，沟通贵在真。

除却交谈者，当下无他人。

《魅力的力量》作者博恩·崔西在书中写道：“当一个人知道对方在全身心地倾听自己所说的话语时，他会产生一定的生物化学反应，他的大脑将释放出内啡肽，这是一种天然的“兴奋剂”，让他自己感觉自己很棒。他的自尊感将增强，他将更喜欢自己。最重要的是，由于你的全心倾听，他更加喜欢你、信任你、这种回报是无与伦比的。”

这种被信任的感觉，正是我们追求的。

有这样一句话：人们不在乎你知道多少，直到他们知道你多么在乎他。说的就是倾听的作用。

倾听不仅能够建立信任，更重要的是，能让你找出对方的需求并满足它。

试想一下，你能够做到专注地倾听，精准地找到他人的需求，是不是会让你的产品热卖，让你更受欢迎，让你的影响力越来越大，成为新时代的商业明星？

给予回应

及时回应很重要

及时给予说话者回应，是对对方的尊重，是衡量是否做到有效倾听的试金石。

一个人说话得不到回应，会在很大程度上打击他继续交谈的积极性。小时候看《神雕侠侣》，杨过对小龙女说的一句话让我印象深刻。杨过说："姑姑，你可以打过儿，骂过儿，甚至可以一刀杀了过儿，但是不能不理过儿。"

你有试过对一个人满腔热情却得不到回应的经历吗？你兴奋地和爱人分享你的快乐，他却毫无反应，你的心情是怎样的？同样的道理，一个人很兴奋地对你讲话，你却没有回应，他的心情又会怎样？

一个美国男人为了在圣诞节和家人团聚，兴冲冲地从异地乘飞机往家赶，幻想着家人团聚的喜悦情景。但是在旅途中，这架飞机遭遇了猛烈的暴风雪。飞机脱离航线，上下颠簸，随时有坠毁的可能。空乘人员脸色煞白，惊恐万状地吩咐乘客写好遗嘱，并放入一个特制的口袋。飞机上的所有人都在祈祷。

终于，飞机在驾驶员的冷静驾驶下平安着陆，大家都松了口气。

这个美国男人回到家后异常兴奋，不停向妻子描述在飞机上遇到的险情，满屋子转着、叫着、喊着……然而，他的妻子正在和孩子兴致勃勃地分享节日的愉悦，对他经历的惊险没有丝毫兴趣。男人叫喊了一阵，却发现没有人听他倾诉，他死里逃生的巨大喜悦与被家人冷落的难过形成了强烈的反差。在妻子准备蛋糕时，他爬到阁楼上，用上吊这种古老的方式，结束了自己从险情中捡回的宝贵生命。

夫妻之间需要沟通，更需要倾听！你在倾诉时，却发现无人倾听，这种痛苦无疑是种很大的打击。夫妻之间尚且如此，亲朋好友之间，更需要倾听。

懂得倾听，不仅是对对方的关爱和理解，更是调节双方关系的润滑剂。每个人在烦恼和喜悦时都有一份渴望，那就是对人倾诉，他希望倾听者能给予自己理解和赞同。这个美国男人的妻子没有做到这一点，导致了悲剧。

正所谓：

绝处可逢生，知音却难求。

莫仿伯牙悲，琴断人不留。

多种回应方式

积极的回应除了运用口头语言之外，还要恰当地运用肢体语言和语音语调。

与人交谈时，你的体态和坐姿会表明你对说话者及其所说内容感兴趣的程度。身体向前倾发出的信号是：我觉得你很有意思，你好像有磁力一样在吸引着我。身体向后倾发出的信号是：我感到很无聊，我宁愿想其他事也不愿听你说话。

有时你会双臂交叉或慵懒地坐着，因为这样的姿势很舒服。只是在交际中，要留意那些可能让人产生负面印象的身体语言，意识到这是错误的回应方式并立即纠正。要想成为一位高能量的领导人,就必须控制自己的身体语言,确保它们能传递出积极信息。

我们会注意到，那些优秀的、积极的倾听者，在交谈时会做出诸如“嗯”“啊”“真的吗”“我明白了”“我完全同意”“是这样的”和“你完全说到点子上了”之类的回应，可以把它们理解为“声音确认”。这些肢体语言清楚地表明我们在专注地倾听。

与人交谈时，要向对方发出认真在听的信号。你专注倾听时，你的本能会告诉你何时发出这些信号，并做出最好的回应。

此外，用点头作为回应，将使你的魅力指数直线上升。

在中国，点头是认可、赞同的意思。在倾听中给予说话者点头回应，将会让对方无比开心，更想和你交谈下去。

点头回应，对他人来说，表示你态度热情、待人友好，是提升情商的重要因素。

因此，在他人说话时，要养成点头并认可他们的习惯。

巧用过渡语给予回应

过渡语能够让谈话保持畅通，避免出现你说得过多或对方说得过少的情况。尤其是在与客户沟通时，如果对方的谈兴不高，很容易让你感到灰心丧气。但是学会巧妙运用过渡语，会产生完全不一样的结果。

试看下面的案例。

A：“B，你是做什么的？”

B：“我从事美容行业。”

当 B 简单回答后，为了不让谈话冷场，A 再次提出一个开放性问题。

A：“你最喜欢美容行业的哪一点？”

B：“它总会给人新鲜感。”

B 持续简短的回答，迫使 A 不断去想更开放的问题，打开 B 的话匣子。但次数一多，会让 B 产生一种被查户口的感觉，甚至感觉像警察审问犯人。

针对言语简短的人，使用过渡语，能有效地将谈话继续下去。

有效的过渡语有：

“你的意思是说……”

“比如说……”

“例如……”

“然后呢……”

“之后，你……”

“所以说……”

“后来你……”

“这意味着……”

“你具体指的是……”

“也就是说……”

使用过渡语时，你要看着对方的眼睛，身体微微前倾，拖长用词末端发音并保持沉默，等待对方说话。

A：“B，你是做什么的？”

B：“我从事美容行业。”

A：“你具体指的是……”

B：“我指的是我为客户提供祛斑服务。”

A：“比如说……”

B：“比如说，昨天我为一位被黄褐斑困扰的女士提供了祛斑方案，她非常满意……”

使用过渡语可以让对方尽情地谈论自己。当你使用过渡语时，做到以下三点会让你更有魅力：身体前倾，摊开手掌；延长过渡语最后一个字的发音；身体后靠、保持沉默。

身体前倾，摊开手掌，这种姿势有两个作用：一是通过非语言方式，表明你对听者没有任何威胁；二是向听者表明，话语的控制权“移交”给了听者，轮到对方说话了。

延长过渡语最后一个字的发音，这时过渡语听起来就成了一个问题。如果不这样做，过渡语听上去是肯定句，会让人觉得冒失。

说完过渡语后，一定要闭上嘴巴，保持沉默。使用过渡语后，有时会出现长时间的沉默。这时，一定要耐心等待对方回答。你摊开的手掌已经表示，接下来说话的责任交给了目标客户，所以让他说吧。

以前有一个笑话，说明了过渡语的强大。QQ 可以设置自动回复，某君将它设置为“然后呢？”，结果他发现，有人对着“然后呢”聊了4个小时。

使用过渡语，是让你把焦点聚焦在对方身上，让他感觉到你对他很感兴趣，想了解他。

生活中很多人都是聊天杀手，因为他们总是喜欢关注自己、谈论自己，忽视了对方的需求。

当对方问你最近过得如何时，你刚刚开始说：“去了趟国外，感觉还不错。”对方立马接过话题：“国外旅游真的不错哦，你知道吗，我第一次去……”变成了环游世界分享会，你立即就会失去交谈下去的欲望。

习惯性使用过渡语，你会发现身边人越来越喜欢你，你也能知道他们需要什么，进而帮助他们，实现成交。

稍做停顿

与人交谈时，不要对方稍有停顿，你就马上进入话题，而要停顿3～5秒，允许有短暂的沉默，放松一下。

这样的停顿有三点好处：一是如果对方只是在整理思路，可以避免打断；二是表示对方的话很重要，你在认真思考，这能增强对方话语的价值感，会让你显得更迷人、更聪明；三是可以明确对方的深层含义，倾听不仅要听其言，更要察其意。

一天，美国著名主持人林克莱特访问一名小朋友：“你长大了想当什么呀？”小朋友天真地回答：“我要当飞机驾驶员！”

林克莱特接着问：“如果有一天，你的飞机飞到太平洋上空，所有引擎都熄火了，你会怎么办？”小朋友想了想说：“我先告诉飞机上的人绑好安全带，然后我挂上我的降落伞，先跳下去。”

当现场的观众笑得东倒西歪时，林克莱特继续注视着这个孩子。没想到，孩子的两行热泪夺眶而出，这才使林克莱特发觉他的悲悯之情远非笔墨所能形容。于是林克莱特问他：“为什么要这么做？”

孩子的回答透露出他的真挚想法：“我要去拿燃料，我还要回来！我还要回来！”

林克莱特的与众不同之处在于，他能让孩子把话说完，在现场观众笑得东倒西歪时，仍能保持着倾听者应该具有的亲切、平和与耐心，从而听到了这名小朋友最善良、最纯真和最清澈的心语。

正所谓：

真相当探明，莫急下结论。

你我本心处，静坐一圣人。

提问明确诉求

永远不要妄自揣度他人的本意，而应就他刚刚所说的话进行提问，例如“你确切的意思是什么”“我可以这么理解吗”。这样做能让沟通达成共识，同时也能让说话者感受到自己被关注，一举两得。

交际重要的规则之一，就是提出问题的一方具有话语权。

很多销售员都会犯同一个错误，就是没有用提问明确客户的疑问和诉求。和顾客交流一段时间，就认为自己已经完全掌握了顾客的疑问，开始滔滔不绝地进行解答，结果往往答非所问，导致顾客流失，错失了销售产品的机会。

尤其在处理顾客抱怨和投诉时，必须用提问明确客户的疑问和诉求，否则只会让简单的问题变复杂。

永远不要妄自揣度他人的想法。如果不用提问明确，探询真相，很容易得出错误结论，做出错误的行为。

一个越战归来的士兵在旧金山给他的父母打电话，告诉他们：“爸妈，我回来了，可是我有个不情之请。我想带一个朋友和我一起回家。”“当然好啊！”父母回答道，“我们很高兴见到他。”

儿子又说：“有件事想先告诉你们，他在战争中受了重伤，少了一只胳臂和一条腿，他现在走投无路，我想请他回来和我们一起生活。”

“我很遗憾，不过或许我们可以帮他找个安身之处。”父亲又接着说道，“儿子，你不知道自己在说什么。像他这样的残疾人，会对我们的生活造成很大的负担。我们还有自己的生活要过，不能被他破坏了。我建议你回家后忘了他，他会找到自己的天空的。”话音结束，儿子就挂上了电话，他的父母再没有接到他的消息。

几天后，这对父母接到了旧金山警局的电话，通知说他们的儿子已经坠楼身亡，并且确定是单纯的自杀案件。他们伤心欲绝地飞往旧金山，并在警方的带领下去辨认儿子的遗体。他们看到了自己的儿子，但是他只有一只胳臂和一条腿。

正所谓：

不明说者意，切勿乱着急。

耐心追根本，目标终统一。

故事中的父母和我们大多数人一样，没有用提问探询真相，就直接下结论，这在人际沟通中是大忌。很多误会就是因为当事人做了错误的假设和结论，对自己说了错误的话，从而采取了错误的行动，导致悲剧发生。

学会倾听，善于提问，才能知道别人想要说什么。

用提问明确对方诉求，能准确找出对方的关键信息。使用对方用过的词语，并配合声调的变化和身体语言进行提问，会有意想不到的效果。

如果你无法确定对方的观点，或是不清楚谈话的方向，可以用下面这些提问方式做进一步明确。

“换句话说，就是……对吗？”

“那么你告诉我的是……我说得对吗？”

“那么你说的是……我的理解对吗？”

“现在能知道的是……对吗？我说全面了吗？”

“也就是说，你很在乎……对吗？”

谈话脱离主题时，可以用这个技巧让对话回归主题。如果对方的关注点过于负面，也可以用这个技巧，让他的关注点回到正向的需求上来。

例如对方一直抱怨自己能力不行或公司不好，如果继续这样聊天，双方会陷入消极情绪中。这时，可以先认同他的情绪：“我能理解你的感受，确实很让人苦恼，但也就是说你现在特别希望自己能够改变，有能力处理好公司现阶段的挑战，对吗？”这样就能让谈话的焦点回到积极的一面，为想要的结果寻找方法，而不是抱怨或者找借口。

提问的过程是一个确认需求的过程。当对方的需求被确认后，可以对他进行需求强化。

例如“也就是说，你希望自己能够做出改变，能够自己赚钱给孩子买架钢琴，是这样吗？”当对方确认过后，可以赞美认同他，并问“这对你来说为什么很重要呢？”用类似的过渡语，引发对方自我强化需求。

不打断他人

弗朗西斯·培根曾说过：“打断别人、乱插话的人，甚至比发言冗长者更令人生厌。”

打断别人说话是一种非常无礼的行为，无论是谁，自己的话还没说完就被人打断，感觉都不会太好。

俄罗斯举行电视辩论，公民倡议党候选人索布恰克发言时，遭到辩论对手多次打断。

索布恰克甚至向主持人投诉：“朋友们，为什么你们在这里只是打断我的发言？我要求把我的发言时间还给我。”

但是她的投诉没有任何帮助，发言依旧多次被强行打断，以至于最后她哽咽无言，转身走出演播室。

想象一下，你讲得兴致勃勃，四周也围满了津津有味的听众，这时有一人突然插嘴道：“听说最近天气要变冷了。”你觉得舒服吗？你正开心地同朋友说着一件事，他突然打断你，一个劲跟你聊他开心的事情，你有心情听下去吗？

我在生活中经常看到好心办坏事的场景。妻子受了委屈向丈夫倾诉，说话多少会带些情绪，以此来发泄自己的不满，渴望老公能够倾听她、理解她。但是丈夫却打断妻子的话：“想开一点，没什么大不了的。”“别哭了，振作起来，照我说的去做肯定能解决。”“这也不能全怪别人，你也有责任，下次自己要注意。”“抱怨能解决问题吗？去看个电影缓解下心情就好了。”

没有人在生气时想听建议！

心理学表明，如果一个人的心里有事，他在讲话时就会启动心理定式，专注于这件事直到把话讲完，之后才能听进你的意见。所以，当你想表达自己的意见时，最好先让对方把话说完，这样既是做人的基本礼貌，也是让对方认真听你讲话的关键。

今日功课

· 认真倾听朋友讲话 5 分钟，向他提问，例如：

“我看起来是在认真倾听吗？”

“我看起来全神贯注吗？”

“你觉得我是否在乎你说的话？”

“你认为我是否有全身心融入你的谈话里？”

如果得到的回应是否定的，继续练习直到掌握。

03

学会微笑

微笑是无价之宝

微笑能让你发现美，发现生活中隐藏的财富。

微笑本身就是无价之宝。

微笑助你发现美

你用什么表情面对他人，他人也会用同样的表情面对你。

伦敦大学的茹丝·坎柏尔教授发现，人类大脑中有一个“镜像神经元”，会刺激负责辨识不同面容和表情的大脑区域，并让我们做出及时回应，模仿对方的表情。也就是说，不管我们能否意识到，我们都会自动复制看到的表情。

你的微笑，就是在给对方传递友善的信息，他们也会对你报以微笑。可以通俗理解为：微笑可以催眠。

你可以和朋友一起，做一个小游戏。两人面对面站着，其中一人保持严肃，另一人微笑。体验后发现，当你看到一张真诚的笑脸时，你会情不自禁地微笑。同样，当你开心地笑，也能感染对方和你一起笑。

你心情不太好时，突然看见一个小孩快乐的笑容，你也会一起笑，那些所谓的烦恼通通都放下了。

一位乘客在飞机未起飞前，因为自己需要吃药，向乘务员要一杯水。乘务员承诺当飞机平稳起飞后马上给他送过去。起飞后乘务员忘了，乘客非常生气地按服务铃，乘务员马上意识到自己的失误，把水送给乘客并微笑地说："对不起先生，由于我的工作疏忽，耽误了您吃药的时间，非常抱歉。"

然而，这个乘客并不买账，并且要投诉她。为了弥补自己的失误，乘务员每次经过这位乘客身边，都会微笑地问："您是否还有别的需要？"这位乘客每次都板着脸，没有理睬。飞机将要到达目的地时，这位乘客让乘务员给他意见本，乘务员这时有些害怕，认为乘客要投诉她。

乘客离开后，她打开意见本，发现上面写了这样一段话："在整个飞行过程中，你表现出来的真诚的歉意，特别是你的十二次微笑，深深地打动了我，最终让我取消了投诉你的想法。你的服务质量很高，如果还有机会，我一定会再次乘坐你们的航班。"这位乘客表示，当乘务员第二次向他微笑时，他认为这种道歉是应该的；当乘务员第三次微笑时，他要投诉的想法有些动摇；当乘务员第四次向他微笑时，他的心里已经彻底原谅她了。

这个故事告诉我们，保持微笑可以让自己的内心变得柔软、温暖，感到春意盎然。

读书时，我们常听到一句话：生活中从不缺少美，而是缺少发现美的眼睛。

我一直在思考，这双发现美的眼睛藏在哪里。直到我悟到另外一句话，立刻明白了如何发现生活中的美。这就话就是：眼睛是心灵的窗户。

不开心就代表心门紧闭，发现美的眼睛没有办法绽放出来。

不开心时，看什么都不满意；开心时，看什么都美丽。

开心即为打开心门，开心就会微笑。微笑时，发现美的眼睛自然就会出现。

因此，微笑是开启发现美的眼睛的钥匙。当你微笑时，你就能欣赏身边的一切事物。

微笑比钻石更宝贵

面对价值1000万元的钻石项链和一个迷人的微笑，你会如何选择？

问一问你的内心，是不是非常渴望得到钻石项链？即使选择迷人的微笑，心是否会对价值1000万元的钻石项链念念不忘。

但是价值1000万元的钻石项链，对你的人生真的有价值吗？

你敢每天戴着价值1000万元的钻石项链出门吗？答案是不敢，因为怕被抢劫，甚至被绑架。

放在家里能安心吗？答案是不能，还要花钱买个保险柜。

卖了能甘心吗？答案是不能，1000万元一条的钻石项链，只能以低得多的价格出售，这中间的差价可能是几套房子。

价值1000万元的钻石项链不仅没给你带来价值，反而会带来麻烦。

你的亲友如果知道你有1000万元的项链后，可能会向你借钱。如果你没钱借，他们会说："小气，戴1000万元一条的项链，借5万元会没钱？"

当一个人的能力驾驭不了财富时，财富越多，灾难越大。真正有价值的东西是不用花钱的，如果你不珍惜，将会付出惨重的代价。

价值1000万元一条的钻石项链很值钱，但如果没有项链，我们依然可以幸福地活着。空气不需要花钱，很多人也从没想过空气值多少钱，但是没有空气我们无法生存，空气才是最宝贵的。

现代社会的悲哀，就是大多数人为了追求有价的“钻石项链”而丢弃无价的“空气”。

因为没有珍惜我们的无价之宝“空气”，雾霾来了，我们付出了惨重的代价。花费大量金钱去改善空气，去购买空气净化器、罐装空气、咳嗽特效药……

因为不懂得珍惜我们的无价之宝——“微笑”，冷漠来了，我们付出了惨重的代价。很多老人因为长期得不到儿女的关怀，郁郁寡欢，生病住院，甚至把积蓄都给了那些伪善的金融骗子；很多夫妻因为长期得不到对方的关怀，婚姻走向破裂……

你只有珍惜这些无价之宝，并使用它们，才能体验到幸福。

现在就开始微笑吧，我的朋友！微笑可以让声音变得如乐曲一般好听；微笑可以让人心情愉悦；微笑可以让矛盾迎刃而解；微笑可以吸引生活中一切美好的事物像浪潮般涌向你。

你一微笑，家人就变美了；

你一微笑，朋友就变美了；

你一微笑，世界就变美了。

微笑是阳，忧愁是阴。当你微笑时，感觉世界生机勃勃，看到事物阳光的一面，喜乐就会随之而来；当你忧愁时，感觉世界死气沉沉，看到事物黑暗的一面，喜乐就会离你而去。

一天，一位女士站在一家珠宝店的柜台前，把一个装着几本书的包放在旁边。挑选珠宝时，一位衣着讲究、仪表堂堂的男士也去看珠宝，女士礼貌地把包移开。但这位男士却愤怒地瞪着她，说他是个正人君子，绝对无意偷她的包裹。他认为自己受到了侮辱，重重地把门关上，走出了珠宝店。

莫名其妙地被人这么嚷了一通，女士很生气，没了看珠宝的心情，想开车回家。出门后，她感觉马路上的车像一条巨大而蠢笨的毛毛虫，缓慢地蠕动着。她忍不住地想：哪来这么多车；哪来这么多司机，简直不会开车；这家伙开这么慢，怎么学的车，真该扣他教练奖金……

后来，她与一辆大型卡车同时到达一个交叉路口，心想："这家伙仗着他的车大，一定会冲过去。"当她下意识地准备减速让行时，卡车却先慢了下来，司机将头伸出窗外，向她招招手，示意她先走，脸上挂着一个开朗、愉快的微笑。女士将车开过路口时，刚刚的不愉快突然全部无影无踪。

珠宝店中的男士不知道从哪里接受了愤怒，又把这种坏情绪传染给了这位女士。带着这种情绪，她眼中的世界充满了敌意，感觉每件事、每个人都在和自己作对，直到看到卡车司机灿烂的笑容。司机的好心情消除了她的敌意，让她重新有了快乐的心情。

当你对他人微笑时，几乎所有人都会用笑脸回应。如果你时时保持微笑，笑口常开，就会赢得他人对我们的喜爱，会在生活中与人交流时更顺利，友谊会更长久，人际关系也会得到极大的改善。

孩子惹父母生气时，他一个萌萌的举动，会让父母突然发笑。笑的那一刻，会觉得孩子哪里都可爱，连之前的那个“错误”都那么可爱。

在谈话中，如果对方因为你的感染而微笑，那么他看你就是最美的，因为他发现美的眼睛被你开启了。这时候你向他讲解你的想法，更容易被理解和接受。

对方开心了，沟通就容易了。

微笑的神奇功效

微笑还有很多神奇功效，等待你的发现。

微笑能克服紧张

在陌生场合与人交谈时，如果你面带微笑，对方会认为你从容自信；如果你没有微笑，对方会认为你紧张胆怯。

我们常说：“这个人很有魅力。”“魅”是吸引，“力”是力量，合起来就是吸引他人的力量。一个人想要提升自己的魅力，微笑是最简单、最直接的方法。

当你与他人交谈时，未曾开口先有笑，就能展示出你的魅力，吸引对方的眼球。正如雨果所说：“微笑就是阳光，它能消除人们脸上的冬色。”

微笑讲话更悦耳

人在微笑时声音会更好听。

在通电话时，我们有时能从电话中感知到对方是否面带微笑。因为声音可以传递情感，微笑讲话可以让声音充满亲和力和感染力，让听者更舒适。

汪洋在《一切从微笑开始》一书中，讲了一个背对着应聘者进行招聘的故事。

这个故事的主人公是一个叫艾来尔的普通美国女孩，她既没有背景，也没有技术专长。美国联合航空公司招聘员工时，她抱着尝试的心态，带着微笑走进了面试间。

面试开始后，主考官背对着艾来尔说话，让她十分困惑。尽管如此，她还是自信地回答了主考官提出的所有问题，顺利地通过了面试。

面试结束后，主考官转过身告诉她，她应聘的工作需要借助电话来完成，包括机票的预定、取消、更换和确定航班等。自己之所以背对着她，不是无视她的存在，而是为了清楚地听出她的声音里是否融入了微笑。

工作后，艾来尔在岗位上，通过电话让顾客们感觉到她的微笑，让他们如沐春风。

还有一个故事。

在一个小镇上，有一个非常富有的人，但他很不快乐。有一天，这个富翁垂头丧气地走在路上，对面走来一个小女孩，小女孩用天真的眼神望着他，给了他一个甜美的微笑。

这个富翁望着孩子天真的面孔，心中豁然开朗。为什么要不高兴呢，能像这样微笑该有多好！

第二天，他离开了小镇去寻求梦想和快乐。临走前，他给了这个小女孩一笔巨款。镇上的人觉得奇怪，问这个小女孩，不相识的富翁为什么会送她一笔巨额财富，小女孩天真地笑着说："我什么都没做，只是对他微笑而已。"

"只是对他微笑而已。"小女孩一个善意的微笑，却换来了一笔巨额财富，这就是微笑的力量。小女孩的微笑点燃了富翁的激情，让他再一次有了梦想和快乐。

正所谓：

终日苦面形影孤，豁见微笑眉心舒。

金山银海虽富贵，始知喜乐是归途。

越微笑越年轻

多年前，我经常在一个咖啡馆看书。咖啡馆的老板娘很美丽，只是很少看到她笑。一天我好奇地问道：“为什么很少见你笑？是不是有什么不开心的事情？”

“没有什么不开心的事情，只是一笑就会露出鱼尾纹，都要爬上眉梢了。”她停了一会继续说道，“不怕你笑话，长期不笑，感觉自己都不会笑了。”

我很吃惊，在喝完一杯咖啡后，我写下一首诗：

美人何故不言笑，唯恐鱼尾挂眉梢。

苦守无皱寒冰面，徒留孤芳喜乐消。

离开时，我把这首诗送给她，告诉她我很喜欢她的微笑，她笑起来非常亲切，很温暖。

后来我经常看到老板娘的笑容，她也越来越开朗，越来越有魅力，越来越年轻。

我们常能在博物馆和超市看到这样的标牌，“本馆（或本店）有摄像监视”，后面半句多是“如偷盗，罚款 XX 元”等冷冰冰的祈使语。在我国台湾地区，相同地方标牌的标语后半句是：“请你保持微笑！”这样的标语显得从容而有风度，充满善意。

你会微笑对人，世界也会微笑对你。

我们常说："笑一笑，十年少。"西方也有同样的说法："开怀大笑是剂奇特的良药。"

笑确实有益于人们的身体健康，笑可以有效提高人体内"内啡肽"的水平，提高人体免疫力以及血管中的氧含量，能帮助抑郁症患者减轻症状。

微笑有益身体健康

研究表明，笑对身体有几大好处。

1. 能有效止痛。

研究证明，笑是最自然也是最没有副作用的止痛剂。当你大笑时，脑中的快乐激素（内啡肽）便会释放出来。这种激素是最有效的止痛剂，能缓解体内各种疼痛，因此我们要经常笑，特别是患有风湿和关节炎的人，时常笑可以减轻身体疼痛。

2. 能帮助减肥。

笑是保持身材苗条的最佳方法。国外研究人员发现，大笑 10 ~ 15 分钟可以使人心跳加速，加快人体器官运动，从而消耗能量。女士想要苗条，不让试试大笑减肥法。

3. 能提高人体免疫力。

笑能增加人体血液中白细胞的含量，促进人体内的抗体循环，增强免疫力，提高对抗病菌的能力。笑也有助于血液循环，加速人体的新陈代谢，让人感觉自己非常有活力。

4. 能减少心脏病的威胁。

研究表明，风趣幽默、时常笑眯眯的人，患心血管疾病的概率相对较低。笑能加速血液循环，减少血管中有害物质的积聚，降低血管受到的威胁，抑制心脏病的发生。

5. 能赶走压力。

人在大笑时身体会释放内啡肽，内啡肽能有效抑制负面情绪的产生，从而帮助人减轻压力。

微笑的训练方案

微笑是可以训练的。通过训练，可以让我们习惯展现我们富有内涵、善意、真诚和自信的微笑。

模拟微笑训练法

轻合双唇；两手食指伸出（其余四指自然并拢），指尖对接，放在嘴前 15 ~ 20 厘米处；两手食指尖缓慢匀速向两边移动，拉开 5 ~ 10 厘米的距离，嘴角随食指移动同步加大展开度，形成美丽的微笑，并让微笑停留数秒钟。两手食指缓慢匀速向中间靠拢，直至两食指指尖相接，同时唇角随两指移动同步缓缓收回。训练 20 ~ 30 次。

需要注意的是，要训练微笑缓缓收住，切忌突然停止。

情绪诱导法

设法寻求外界事物的诱导和刺激，引起情绪的愉悦和兴奋，从而唤起微笑。例如打开喜欢的书页，翻看能让你高兴的照片或是画册，回想过去幸福生活的片段，放送能使自己快乐的乐曲，等等，以期在欣赏和回忆中引发快乐和微笑。

有条件的朋友，可以用摄像机记录下整个过程。

记忆提取法

这是演员在表演训练时经常采用的一种方法，也被称为“情绪记忆法”。就是将自己过去最愉快、最令人喜悦的情景从记忆中唤醒，让快乐的情绪袭上心头，重现微笑。

观摩欣赏法

几个朋友坐在一起，分享快乐，观摩彼此的微笑，互相交流和鼓励。也可以在平时留心观察他人的微笑，把精彩的“镜头”封存在记忆中，时时模仿。

含箸法

这是一种日式训练法。选用一根洁净、光滑的圆柱形筷子（不宜用一次性的简易木筷，以防划破嘴唇），将它横放在嘴中，用牙齿轻轻咬住或含住，观察微笑时面部表情的状态。

此法不易显示与观察双唇轻闭时的微笑状态。

意念法

对于已经有了微笑训练基础或者善于微笑的人，不再利用镜子或其他道具，只用意念控制和驱动双唇，以求达到最佳微笑状态。

这种方法好处很多：不必用镜子、可以随时随地进行、易于培养微笑意识和微笑习惯。

意念法可以与记忆提取法配合进行，效果更佳。

辅助法

辅助法的主要目的是训练面部及相关部位肌肉的灵活度，使微笑更自然更动人。

面部按摩。在面部轻涂一层护肤霜或面霜，从面庞的中央向两边轻轻按摩，10 ~ 15 分钟即可。主要目的是让面部肌肉更舒展，让微笑更美丽。

头颈部运动。一是左右方向运动，站直或坐直，使颈部轻轻地左转——复位——右转——复位——再左转，如此反复多次；二是前后方向运动，站直或坐直，颈部做低头——复位——仰头的动作，反复多次；三是颈部做轻缓的旋转运动，反复多次。头颈部运动可以增加颈部肌肉灵活性，不仅对眼神和微笑的训练有帮助，对健康也有益处。

唱歌。美容专家认为唱歌可以美容，可以使面部的肌肉群有节奏地运动，有助于促进面部血液循环和营养的供应，增强面部组织细胞活力，从而使面容增色且富有弹性。

唱歌可以调节人们的情绪，因此经常唱歌，不论是大声唱还是小声唱，都有助于提高微笑训练的效果。当然，在唱歌前和唱歌后，都要微笑。

咀嚼、鼓腮和漱口。经常有意无意重复这些动作，于皮肤健康和微笑训练都是有益的。

他人诱导法

同学之间互相通过一些有趣的笑料或动作引发对方发笑。

口型对照法

通过一些相似的发音口型，找到适合自己的最美的微笑状态。如“引”“茄子”“笑”和“哈”等。

牙齿暴露法

笑不露齿是微笑；

露上排牙齿是轻笑；

露上下八颗牙齿是中笑；

口腔大张看到舌头是大笑。

请大家记住这首《笑笑歌》。

见家人，笑一笑，其乐融融烦恼消。

见朋友，笑一笑，开开心心把话聊。

见同事，笑一笑，轻松合作更高效。

见领导，笑一笑，不卑不亢有礼貌。

见下属，笑一笑，和蔼可亲氛围好。

见顾客，笑一笑，话语暖心销量高。

见自己，笑一笑，从容自信乐逍遥。

今日功课

· 对每一个遇见的人微笑，尤其是和对方交谈的时候，看看效果如何？

· 邀请你做一个练习。先面无表情说：“我是沟通大师。”再面带微笑说：“我是沟通大师。”感受两次的声音有什么不同，最好用手机录音。这样你会发现微笑可以让声音充满喜悦。

04

保持正视

眼神交流很重要

能量法则：当眼神之间再也没有交流，就连口头交流也会消失。

你有多少次想过，在与人交谈时希望有眼神的交流。或许你曾对孩子说过："我和你说话时，看着我，可以吗？"

回想一下，如果当你说话时，对方的眼睛从不看向你，你有什么感受？是否很生气，觉得他很没礼貌，简直是在对牛弹琴？

或者当你说话时，对方专注地看着你，你有什么感受？是否很开心，觉得他特别有魅力，越说越有劲？

刚谈恋爱时，为什么彼此有说不完的话？因为每一次交流双方都含情脉脉地注视着对方。随着时间的推移，眼神接触开始变少，沟通的趣味自然就淡了。

如果你还没有意识到眼神交流的重要性，可以做做小试验。

试验一：和朋友一起聊天，一个人扮演说话者，一个人扮演倾听者。当说话者说话时，倾听者注视对方的眼睛。然后，慢慢把目光移向远方，不再看对方。

结果立竿见影，倾听者目光一旦不看向说话者，说话者就立刻停止说话，就好像立刻关上了话匣子。多次试验都是同样的结果。

试验二：和朋友一起聊天，一个人扮演说话者，一个人扮演倾听者。当说话者说话时，注视倾听者的眼睛。然后，慢慢把目光移向远方，眼睛不再看着倾听者继续说话。

结果同样立竿见影，说话者目光一旦不看向倾听者，倾听者就无法专注于与对方的谈话，开始做很多小动作，直到说话者的目光重新回来。多次试验都是同样的结果。

试验者分享感受时表示，当对方的眼神不再关注自己时，都感到自己没有获得对方的尊重，十分失落，以至于不想再说下去了。

眼神的三大作用

眼神在与人沟通中有三大作用：尊重人、吸引人和提醒人。

尊重人

中国的文字非常有意思，“骂”，繁体字为“罵”。上面是一个横写的目字。古圣先贤透过这个字提醒我们：在说话时，不正眼看人都是在骂人。

我认为，没有目光接触的交流，都是自说自话，毫无意义。

一位女性朋友对此深有感触，说：“最近我一直觉得家里的氛围怪怪的，却不知道问题在哪儿，今天我终于明白了。根源是我在和家人沟通时没有看着他们的眼睛。

“我从小和妈妈关系非常好，无话不谈，每天下班回家都想着和她聊天，家里充满了欢声笑语。自从有了微信后，我迷上了刷朋友圈，和妈妈说话时眼睛再也不看着她了，慢慢我发现妈妈说话少了。我总是一边玩手机一边对她说：‘妈，你说话啊，我听着呢。’以至于妈妈起身离开我都不知道。没有了眼神交流，感觉和妈妈的距离远了好多，妈妈交代的事情我也经常忘记，这在以前是完全不会发生的。

“现在我真正体会到眼神交流的重要性。没有眼神交流，会滋生冷漠，让关系破裂。以后我会将我的双眼从手机中解放出来，把它留给我的家人和朋友，这是我一辈子的承诺。”

正所谓：

四目不相对，交流难入心。

纵言名家句，都当耳风吹。

这位女士改变交流方式后非常开心，母亲重新成为阳光开朗的母亲，而她也成了公司的项目负责人。这些变化都是因为她在每次沟通中都做到眼神交流。

母亲和她说话时，她都收起手机，专注地倾听，慢慢地母亲的话越来越多，状态也一天比一天好。她还把这个好习惯贯彻到工作中，同事和她沟通工作上的事情，她都会放下手头的工作专注倾听，而不像以前一样同时处理多件事情，非但没有影响工作，效率反而有所提高。

眼睛是心灵的窗户，对方不在你眼里，如何能走进你心里？想要和对方交心自然更是天方夜谭。

很多父母都有这样的疑问，为什么孩子越大越不爱说话？其实这个问题要客观地看，究竟是孩子不爱说话，还是孩子和父母在一起不爱说话？孩子和他们喜欢的朋友在一起时聊得火热，所以问题并不只在孩子身上，作为父母，也需要调整和提升自己。

很多父母一边忙着做自己的事情，一边和孩子聊天。父母看着地上的拖把，问孩子学校的情况，孩子内心有什么感受？是否会认为自己没有拖把重要？

爱他，就看着他的眼睛说话，爱他，就看着他的眼睛听他说话。

吸引人

想要提升魅力，吸引他人，眼神是必不可少的。

我们可以把眼睛想象为心灵的天线，眼神看向对方，就是给对方发射我想和你连接的信号。

每次说话时都看着对方的眼睛，会吸引对方的注意力，让他感受到你非常在乎他、喜欢他。当他把视线移开时，你可以稍做停顿，面带微笑看着他，很快他就会重新被你吸引过来。做到这一点非常重要，因为当对方的眼神不看向你时，注意力已经分散，自然无法专注于谈话。

当你真诚地看着对方的眼睛时，是在和对方进行心灵的连接，这时他无法回避，会用心回答你的问题。

沟通时对方的回应很重要，如果对方没有做出回应，等同于自说自话。利用眼神进行沟通是一个很好的获得回应的方法。

我们在生活中可能有过这样的经历，你很热情地开启一个话题，但对方没有回应。为了避免尴尬，你绞尽脑汁寻找其他话题，结果越说越尴尬。

学会运用眼神可以取得完全不同的效果，开启一个话题后，摊开手，面带微笑地看着对方的眼睛并保持沉默。一般在 3 ~ 7 秒内对方就会主动分享自己的观点。

如果对方在七秒内没有开口怎么办？我们只需要把相同的问题再问一遍，继续摊开手，面带微笑看着他并保持沉默，可以适当点头。此时对方一般都会开口说话。

这个沟通技巧非常有效也非常重要。说服一个人最难的地方就在于对方没有回应，他不开口你就不知道他看重什么，说服效果就会大打折扣。掌握这个技巧后，你会发现说服一个人变得非常容易。

眼神的魅力，可以让不开口的人开口说话。问完一个问题之后，不要着急，也不要立刻换问题，而要给对方思考的时间，真诚地看着对方。

事实上，很多情况并不是对方不愿开口说话，而是提问者没有给他回答的机会。很多父母会问孩子“为什么不写作业”时，孩子正准备说话，父母就紧接着说：“说话啊，为什么不说话？怎么每次问你都不说话？你这孩子怎么这样啊……”

亲爱的读者朋友，请感受一下此时孩子的心情，是否有一种被压迫得无法宣泄的郁闷？

很多团队管理者也一样，一连串的问题问下去，根本不给员工回答的机会，彼此都感到很失望。

管理者问：“这件事怎么回事？你还想不想干了？你说，这样的情况有几次了？每次问你都沉默，真不知道你怎么想的……”

管理者最大的问题就是容易将启发式的问题变为咄咄逼人的批评，导致团队回避提问。当一个团队开始抗拒提问以及寻找解决方案，这个团队就失去了进取和创新的动力。

问完一个问题后，要停下来，真诚地看着对方，对方就会回答你的问题。如果暂时没有回答，可能是他没有想清楚如何作答，我们只需给他时间；也可能是对方没有明白你的问题，7 秒之后把相同的问题再问一遍，继续真诚地看着对方，等待回答。读者朋友可以和身边的朋友一起体验一下，感受眼神的魅力。

看向对方眼睛的说话是走心，不看对方眼睛的说话是过脑。

青岛有一位妈妈，因为孩子爱玩游戏而感到焦头烂额，甚至摔了3部手机也没解决问题，导致孩子更不愿说话，更沉迷于手机。这位妈妈知道眼神交流的好处后，不再生气，而是静静地坐在孩子身边，用欣赏的眼光看他玩游戏。不到三分钟，孩子就感应到了妈妈的眼神，看了妈妈一眼继续玩游戏。时间长了孩子无法淡定地继续玩游戏，因为总有一双眼睛温柔地看着他，于是他跑回房间，关起门继续玩。

这位妈妈也不着急，下次孩子玩游戏时，依然温柔地看着他。多次后，孩子说道："妈，你有什么话就说，我不玩了还不行吗？"这位妈妈抓住每一次和孩子在一起的机会，用眼神温柔地看着他，慢慢地孩子开始愿意和妈妈进行沟通，现在他们母子关系非常好。

提醒人

看着对方的眼睛说话，能更好地进入对方的内心，让对方认为这一观点非常重要，进而重视起来。

关于这点我做了很多试验。我交代其中两个人去办同一件事，对一人说话时看着他的眼睛，和另一个人说话时没有用眼神进行强调。结果，看着眼睛交代事情的人，事情完成率远高于没有看着眼睛的人。

我还让作为父母的学员对孩子交代事情时，对比看着眼睛交代和不看眼睛交代的不同效果。结果发现，不看眼睛交代的事情，孩子遗忘率非常高；而看着眼睛交代的事情，孩子基本都记得。

在日常沟通时，可以把微笑和眼神交流结合起来，让话语充满力量。我在谈话中，经常会微笑看着对方说："如果学会这本书的说话技巧，会不会让你的业绩增加5倍以上？"然后轻轻点头。对方也会很开心地跟着我点头回应，这就是潜移默化的成交。

所以，我们在向他人提要求时，要真诚地看着对方，并用询问的语气。询问的语气会给对方更多自主权，让对方感到被尊重。

读者朋友们可以在谈话中试验这个方法，体验其中的魅力。

例如可以将"给我倒杯水"换为"可以帮我倒杯水吗"；将"产品很好，你可以买两套"换为"产品很好，拿两套产品回家是个不错的选择，对吗"；将"去整理房间"换为"可以整理一下房间吗"。

这样做，沟通的效果得到了极大的提高。

我相信读者朋友们看到这里，一定会有一种感觉：这本书写得非常朴素，没有华丽的辞藻，却能一针见血，直指核心。而且越看下去，就越想去体验书中介绍的心法和技巧；越看下去，就越觉得沟通很简单；越看下去，能量就会越高。

如何用眼神交流

良好的眼神交流是实现有效沟通的方式之一。

实现良好的眼神交流，就要坚持三秒原则，让眼神富有动感。

三秒原则

在眼神的运用中，有一个三秒原则：看向对方时视线保持三秒以上。

想象一下，如果有人拿你最爱吃的水果递给你，你正要接过来时，对方突然把水果拿走了，你有什么感觉？是否感觉不舒服？

同理，当你的眼神看向对方时，就是给对方一个信号，你尊重他，喜欢他，想与他进行互动。如果这时你突然将眼神移开，会极大地打击对方的热情。

同时，眼神保持三秒还能彰显你强大的自信。

在日常生活中，我们发现，陌生人之间的眼神交流一般不超过三秒，不是一方先将眼神移开，就是同时将眼神移开。

与人见面说话时，眼睛看向对方三秒以上，对方会认为你非常有自信，内心充满能量。

每次我和人握手问好时，都会微笑地看着对方 3 秒以上，再慢慢移开视线。这个过程让我感觉自己非常有力量，也让对方越来越喜欢我。

很多人使用这一方法与他人进行沟通，效果非常惊人。一位朋友做一场小型沙龙，运用眼神、微笑和点头的力量，轻松实现了成交全场人。他总结的沟通秘诀就是：一看二笑三握手四点头五成交。

富有动感

很多人有过这样的经历：在与人沟通时，对方一直看着你，但你知道这是“灯开着，家里却没人”。对方在假装倾听，并没有认真听你说话。他那呆滞、空洞的目光，证实了你的猜疑——他对你所说的内容不感兴趣。

如果一个人的眼神缺乏动感，直勾勾盯着你看，他坐在你对面的时间越长，你越会感到不适甚至不快。

为了避免这样的情况发生，需要一些技巧来增强眼神的自然度，我们称之为“视线移位”。

“视线移位”就是在倾听时，将自己的目光从对方的一只眼睛慢慢移位至另一只眼睛，这一动作可以增强眼神的动感。眼神越有动感，交流的参与度越高。

演员和军人有特殊的眼神训练方法。

京剧大师梅兰芳在台上表演时，眼睛向台下一扫，无论观众坐在哪个角落，都能感觉到他在看自己，而且看穿了自己的心。据说，梅兰芳大师从小就患有眼疾，而且还患有近视。他的眼神完全是练出来的。他养了一缸鱼，眼睛跟着鱼的游动游走。长此以往练就了一双传神的双眼。

演员六小龄童也患有近视，他的练习方法是：白天盯着日出看20分钟，直到眼泪流下来——练眼神固定；经常看乒乓球比赛，球动眼动——练眼神灵活度；晚上看香头，屏气凝神——练眼神聚光。

电影明星梁朝伟，从小生活在单亲家庭，有些自闭。自闭的伟仔喜欢一个人对着镜子看着自己的眼睛说话，因此练就了十分迷人的眼神。

演员都要接受严格的眼神训练。演员练眼神是在2～3米的距离外盯着蜡烛看，眼神要集中，一次练习5～30分钟不等，随练习程度的深入逐步增加练习时长。

军队中有一项练习眼神的方法。盯着一样物品，眼神集中并想象它是自己最憎恨的对象，每次时长5～15分钟不等，眼神要集中并且凶狠。

我们可以把一件物品想象成自己最喜欢的东西和人，每次5～15分钟不等，让自己的眼神充满欣赏与爱意。

我们可以学习这些方法，让自己的眼神富有动感，更有吸引力。

今日功课

· 与家人或朋友沟通时，看着对方的眼睛。仔细体会与平时的沟通有何不同。

05

表达赞美

不要吝啬你的赞美

人人都渴望得到他人的认可，特别是完成一件自己认为非常值得去做的事情后。当他人谈到自己引以为豪的事情时，我们要做的其实很简单：尽情赞美他们，增加他们的快乐。

当你赞美他人时，对方可能会把你视为一个有爱心、善解人意和有魅力的人。所以，赞美身边每一个人吧，无论是你的伴侣、同事、员工、老板、刚认识的人、顾客、快递员、工人还是家人，一个都不要放过。

能量法则：赞美是人的活力源泉，赞美让你更有魅力。

欣赏和赞美对所有人都至关重要，其鼓舞作用立竿见影。没有赞美，很多人的潜力就无法发挥出来。

1852 年的一天，盛名在外的作家屠格涅夫，在松林中打猎时无意间捡到一本皱巴巴的《现代人》杂志，他随手翻了几页，被一篇题为《童年》的小说深深吸引。作者是个初出茅庐的无名小辈，但屠格涅夫却十分欣赏，对这部作品钟爱有加。他四处打听作者的情况，得知作者两岁丧母，七岁失父，遭遇坎坷，是姑母将他抚养成人。屠格涅夫更是给予了极大的同情和关注。他把自己读《童年》的感受告知了作者的姑母，并在多次讲学、会客等场合中赞美作者，因此《童年》引起了众人的关注，轰动一时。

姑母很快写信告诉侄儿："你的小说《童年》在瓦列里扬引起了很大的轰动，著名作家屠格涅夫逢人就称赞你，他还说这位青年如果坚持写下去，前途一定不可限量！"作者收到姑母的信后欣喜若狂，他本是因为生活的苦闷而信笔涂鸦，用以打发心中的寂寥，并没有当作家的想法。知名作家屠格涅夫的欣赏和赞美，点燃了他心中的希望与奋斗的火焰，树立了自信和理想，以极大的热情投入到创作中，最终他成为一名享誉世界的作家、思想家和艺术家。他就是《战争与和平》《安娜·卡列尼娜》和《复活》的作者列夫·托尔斯泰。

正所谓：

德才惊天下，还需有人夸。

你我勤赞美，何来愚笨娃。

一名记者曾做过调查：经常赏识、夸奖和赞美他人的人，往往处事积极乐观、受人欢迎、受人尊敬而且不常生病，比一般人长寿；经常指责和抱怨他人的人，往往没有朋友，孤单落寞，身体和心理状况脆弱，比一般人寿命短。

小明家有兄弟姐妹四个。姐姐是独女，哥哥长子，弟弟最小。他觉得他们的称谓含金量都很高，唯独他排行老二，为次子，好像是次要的儿子，不被父母重视。

父母开玩笑说他是马路上捡来的，他竟将信将疑。马路上有年长的妇女多看他一眼，他马上浮想联翩，猜想她会不会是自己的妈妈。

长期得不到关注，小明形成了"赏识饥饿"。为了得到父母的赏识，小明想尽了办法，但都不奏效，最后他使出了绝招。

在一个数九寒冬的夜晚，他独自来到院子里，解开棉衣，让寒风吹了几个小时。他认为只要自己一发烧，体温超过38度，父母就会立刻来到自己身边。父母工作再忙，生活条件再艰苦，也会做一碗鸡蛋挂面，拿出几块苏打饼干，母亲会坐在他的床边，摸着他的额头嘘寒问暖。那种感觉，发再高的烧，他也认了。

父母给予孩子身体上的照顾时，不要忘了赏识自己的孩子，因为一句由衷的赞美能给孩子带来无穷的信心与快乐。

正所谓：

多少顽固疾，皆因爱缺乏。

平日勤赞美，病魔不进家。

人人都渴望被欣赏和关注，如果一个人正向的行为得不到欣赏和关注，就会做反向行为以求获得关注。上文的小明，因为渴望被父母欣赏，采取了极端的行为。

如果一个人得不到他人的肯定和鼓励，会感到心灰意冷。一位公司老板每年都组织员工公费旅游，但今年却没有组织，因为他认为这一活动非常无聊，花很多钱，却从没有一位员工对他说“好高兴，谢谢老板”。

卡耐基学校训练专家黑幼龙曾举过这样的例子：“曾有一位母亲将一大把稻草丢在了晚餐桌上，全家人都十分愕然，她说：‘我为全家人做了几十年的饭菜，老老小小从来都没有给过一句肯定的话，这跟给你们吃稻草有什么区别？’”黑幼龙强调说：“别以为家人之间不需要赞美，连妈妈这样付出爱心不求回报的人，都渴望有被肯定的一天。”

正所谓：

对家无恭敬，何来菩提心。

遇贵易谄媚，假仁图清名。

如果你想拥有某样事物，就去赞美，而不是批评。

小村庄里有甲、乙两位猎人，一日他们各自猎得两只野兔回家。甲的妻子看见后说：“只打到了两只吗？”甲听了心里埋怨道：“你以为很容易吗？”第二天，他故意两手空空回家，让女人知道打猎不容易。

乙的妻子见他带回来了两只野兔，惊喜地说：“你太棒了，竟然打了两只！”乙听了得意扬扬地说：“两只算什么！”第二天，他带回四只野兔。

两个猎人都只是听了妻子的一句话，做法却截然相反。乙第二天能带回四只野兔，完全是因为他的妻子懂得赞美他。赞美之所以能对人的行为产生深刻影响，是因为它满足了人自尊心的需要。

正所谓：

众生七十亿，皆望被认同。

一语若暖心，瞬间变英雄。

赞美的三个维度

赞美有三个维度，我们可以从当面赞美、背后赞美和多赢赞美三个维度进行。

当面赞美

在每个人身上，都可以找到值得被赞美的地方，即使是一件小事。只要你经常让身边的人认为自己很特别，一个全新的世界，就会向你敞开大门。

表达赞美最常用的方法，就是直接发出直接、正面的赞美。

我们可以用一句话进行赞美，如：我看到你关注每个人，让我感觉到你是一个很棒的健身教练。

使用对方的名字

在赞美中我们还可以使用对方的名字，这样做能提高对方的兴趣，进而对我们专注地倾听。在发表重要观点时，先以对方的名字开头，可以吸引对方的注意力。

某种程度上，名字只是一个符号。但对每一个人来说，名字是非常重要的。不可否认，我们每天会遇到很多人，初见时热情寒暄，互递名片，亲切得如同老友；可是一转身，或许再也想不起对方的名字，下次见面时，可能会出现尴尬的情况。

一个记不起对方名字的人，很少有人愿意与他交往，因为他没有给予他人足够的重视。相反，如果你能够记住他人的名字，很容易赢得对方的好感，因为这代表你尊重对方。只有在受到尊重时，人们才会感到快乐。

钢铁大王安德鲁·卡内基在十岁时，就发现人们十分看重自己的姓名。他利用这项发现，赢得与他人的合作。

卡内基孩提时在苏格兰生活。一天，他抓到了一只母兔子，很快他发现了一窝小兔子，但没有东西喂给它们吃。于是他产生了一个奇妙的想法。他对附近的孩子们说，如果他们能找到足够的苜蓿和蒲公英喂饱那些小兔子，他就以他们的名字来替那些兔子命名。很快所有小兔子都有了自己的名字。

这个方法太灵验了，卡内基一直忘不了。

几年之后，他在商业界利用这一秘诀，赚了几百万美元。

他希望把钢铁轨道卖给宾夕法尼亚铁路公司时，艾格·汤姆森担任该公司的董事长。因此，卡内基在匹兹堡建立了一座巨大的钢铁厂，并取名为“艾格·汤姆森钢铁工厂”。

当卡内基和乔治·普尔门竞争卧车生意时，这位钢铁大王又想起了那个秘诀。当时他们拼命想得到联合太平洋铁路公司的生意，双方你争我夺，大打价格战，导致毫无利润可言。

卡内基和普尔门到纽约去见联合太平洋公司的董事会。一天晚上，他们在圣尼可斯饭店见面了，卡内基说：“你好，普尔门先生。我们岂不是在出自己的洋相吗？”

“你这句话怎么讲？”普尔门想知道。

于是卡内基把他的心里话说了出来——将两家公司合并起来。他把合作而非竞争的好处说得天花乱坠。普尔门听了却没有完全接受。

最后他问：“这个新公司要叫什么呢？”

卡内基立即说：“普尔门皇宫卧车公司，这是必须的。”

普尔门的目光一亮。“到我的房间来，”他说，“我们来认真讨论一番。”这次的讨论改写了一页工业史。

安德鲁·卡内基这种记住并重视他人名字的方式，是他富有领导才能的秘密之一。

正所谓：

己力终有尽，合作聚大能。

肯把功名分，身边尽贵人。

你有意想不到被他人记住名字的经历吗？回想那些画面，感受当时内心的满足感。还记得你的名字被人忘记时的尴尬吗？回想这些画面，体会当时的内心感受。此刻你应该做出了决定，就是一定要记住他人的名字，并在谈话中多次提及。

这点我深有体会。之前有位客户特别喜欢玩手机，很多人和他沟通后都深感挫败。而我仅仅只是在10分钟的谈话里，提及了13次他的名字，让他的注意力完全集中在谈话上，最终成功达成沟通结果。

例如说：“王总，这件事您觉得如何做更合适？”

“王总，您说的这点恰恰正中核心。”

“对了，王总，您打算什么时候开始行动？”

“王总，您发现没有……”

“王总，为什么这点对您很重要？因为您刚刚提到过……”

练习使用这一方法，你会发现对方的注意力完全被你掌握。在赞美对方前，先叫出对方的名字，会让赞美的效果更上一层楼。

提供证据

许多赞美之所以没有好的效果，原因在于只告诉对方喜欢什么特点，却没有解释喜欢的原因。说出喜欢的原因，就是在提供证据，证据越多，结论越有说服力。

如“马丽，你的发型真好看，把你的眼睛衬托得更出色”。

赞美公式

具体事实——得出结论——激活感觉——带出贡献。

赞美要由浅到深，由外到内，通过赞美激活对方的感觉，表明他的贡献。每个人的内心深处，都渴望做出贡献，渴望帮助他人。恰当的赞美，能让人产生这种感觉。

例如这样的表述。“马丽，我看到你搀扶老奶奶过马路（具体事实），让我感觉到你是一个富有爱心的人（得出结论）。这让我特别感动（激活感觉），我要向你学习，每时每刻，和你一样留意他人的需求，主动帮助他人（带出贡献）。”

运用这样的赞美公式，能让你的话语充满力量，也会让对方的内心升起神圣感，更愿意帮助他人。

如果你是一个团队的领导者，熟练地掌握这个方法，会让你的团队越来越壮大、越来越团结。

“马丽，你的笑容真的太有亲和力了，每次看见你笑，都给我很大的鼓舞，心情瞬间变好。我能想象，你带着这样有亲和力的笑容去约谈客户，他们一定会被你融化，非常愿意与你合作。”

这样的赞美,可以让她感到,原来自己的笑容竟然这么有魅力，这会激励她在与人交流时时常微笑。

当然，并不是必须用这样的公式去赞美对方，而是提供一个思维，让你的每次赞美都能带出贡献，激活对方的感觉。

很多人觉得自己不幸福，是因为看不到自己的价值。而这样的赞美能帮助他们看见自身价值，看到自己能为他人做出贡献，这是一种非常好的方法，也是让话语充满力量的核心思想。

一位女士在成都的一家服装店门口等人，发现店里的老板今天很高兴，于是走过去说：“姐姐，你好，我叫梦子。看到你笑得非常开心，我也想和你一起高兴！”老板笑了一下问：“你买什么。”女士说：“不买什么，我是卖化妆品的。”

“你知道做维维豆奶广告的那个姐姐吧，脸上充满了快乐、幸福，长得挺像你，头发的发尾也是卷起来的。”（具体事实——得出结论）

“是吗？”

“对呀！朋友中若有你这样的快乐天使，纵然有再多烦恼，我想也不会超过3分钟。”（得出结论——激活感觉）

“为什么呀？”老板问道。

“因为你会给人带来幸福和快乐呀！太多的人为了金钱整天绷着神经，多累呀！”女士说道。（激活感觉——带出贡献）

“是呀！人没必要活得那么累。”老板赞同地说。

她们聊得非常开心，最后老板在女士手里买了一套产品，并成了朋友。

当然，不排除生活中有些人，你很真诚地赞美他，他内心也很高兴，但是表面上却冷冰冰的甚至还否定你的赞美，针对这一类人群怎么办？能放弃赞美吗？

肯定地告诉你，不能。如果你放弃赞美，他会感觉很受伤。

例如一个男孩对一个女孩说："你的眼睛真好看。"

女孩通常会表现得比较矜持，"假装"拒绝赞美："哪有，我觉得太小了，一点也不好看。"

这时如果男孩沉默了，女孩会生气，心里想："你难道也觉得我的眼睛不好看？"

是否可以转移话题？

很多男孩都会犯一个错误，转移话题说："但是你的嘴唇很好看。"这一转移就是认同了女孩对自己的否定，也是不可取的。

其实，热恋期的男孩子根本不用教，他会看着女孩说："我就觉得你眼睛好看。"女孩如果继续否定，男孩就会使出撒手锏："在我心里，你的眼睛就是最美的。"

在沟通中，你肯定一件事时，对方也会跟着一起肯定，当对方不断肯定你的观点，也会自然地认同和肯定你接下来的成交建议。如果在沟通开始时你就跟着对方否定自己的观点，那么很自然地，否定会成为习惯，你的成交建议也会被否定。

在商业沟通中也可以运用这样的沟通方法。

当你赞美一个人很有亲和力时，她否定你的赞美，这时你只需要真诚地看着对方说："你给我的感觉真的非常有亲和力。"如果对方继续否定，你只需要坚定地说："我在工作中接触过很多人，在我看来，你真的非常有亲和力。”

赞美一旦开始，就不能中途停止，一直赞美到对方欣然接受为止。

背后赞美

背后赞美，即你的赞美对象不是你目前的说话对象，而是对话中提到的那位你想赞美的人。比如你在对方的好友面前，或者在公众面前赞美和推崇对方。

也就是说，你的赞美，很有可能会透过他人迅速传递到对方的耳中，这种赞美比当面赞美更有可信度，也更有价值。

在生活中，人们往往喜欢听好话，即使明知是奉承，心里还是免不了会沾沾自喜，这是人性的弱点。一个人受到赞美时，绝不会感到厌恶，哪怕这一赞美夸张了一些。当面赞美奥妙无穷，然而，最有效的赞美方式还是背后赞美。

背后赞美更有效

当面赞美如果没有把握好度，反而会适得其反，背后赞美可以避免这一点。因此，与其当面赞美“吃力不讨好”，不如背后赞美更“安全”，更“实在”。

如果你要赞美一个人，当面说和背后说起到的效果是不一样的。背后说他人的好话，远比当面恭维效果明显得多。如果我们当面说对方的好话，对方可能会认为你是在奉承和讨好他，赞美的效果会大打折扣。

但是，当你在背后说好话时，对方听到后会认为你是出于真诚说的，他才会领情并对你产生好感。

假如你当着上司和同事的面说上司的好话，你的同事会认为你在讨好上司，拍上司的马屁，从而招致同事的轻视。与其如此，不如在上司不在场时，大力地“推崇塑造”他。你在背后说的这些好话，很容易就会传到上司耳中。

设想一下，假如有人告诉你，某某在背后说了许多关于你的好话，你能不高兴吗？这种好话，如果当面说给你听，或许会适得其反，让你感到虚假，或者怀疑对方的真诚。为什么间接听来的赞美会特别悦耳动听？那是因为你坚信对方的真诚。

《红楼梦》中有这样的描写：史湘云和薛宝钗都曾劝过贾宝玉做官为宦，这令贾宝玉大为反感。一次，史湘云劝宝玉多结交些为官的朋友，宝玉十分生气，对着史湘云和袭人赞美林黛玉，他说：“林姑娘从来没有说过这些混账话！要是她说这些混账话，我早和她生分了。”这时黛玉正好来到窗外，无意中听到贾宝玉的话，不觉又惊又喜又悲又叹。宝黛两人互诉肺腑，感情大增。

在林黛玉看来，贾宝玉在史湘云、薛宝钗和自己三人中只赞美自己，而且不知道自己会听到，这样的赞美让人感觉非常真诚。倘若宝玉当着黛玉的面说这番话，好猜疑、爱使小性子的林黛玉可能会认为宝玉是在打趣或讨好她。

背后赞美，更加深入人心。

背后赞美更易操作

背后赞美别人不需要费心想华丽的辞藻，也不用刻意找场合。会说话的人，往往不经意间就能把赞美的话说得很漂亮。

比如，你和对门的女主人关系不错，非常欣赏她的厨艺，如果你在其他邻居面前夸奖她：“我家对门的张太太厨艺一流。”这句话传到张太太那里：“某某说你的厨艺很棒。”同一件事情直接听到或经由他人告知，这两种赞美方式的效果高下立判。

背后赞美没有功利性，只是“无意”中说了他人的好话，是一种由衷的赞叹。被赞美者“辗转”听到你的赞美之词，心里一定非常激动和高兴。同时，间接听来的赞美，意味着其他人也知道自己受到了赞美，让人认为自己的能力受到了极高的评价，也足以说明赞美者是真心真意佩服自己。

如果用心感受，你会发现很多人身上都有优点，不必吝啬自己的赞美！学会在背后赞美他人，你的每一句赞美都是他人生活中的小惊喜。当你真诚地为他人的生活不断创造惊喜时，相信对方也同样会给予你更多的惊喜。

一个朋友说起他背后赞美的体验非常兴奋：“那天我回到家，老婆做好了饭等我，当时我很诧异。因为工作的关系，她已经很久没有下过厨了，而且做的全是我爱吃的。于是我问她为什么今天突然下厨。老婆就跟我说：‘今天我见到你的几个好朋友，他们都说你在他们面前经常夸我，原来我在你心目中这么好……’你们知道吗？那种幸福真的无法描述，背后赞美的力量太大了。”

在团队中，如果与人发生了误会，你想挽回这段关系，可以运用背后赞美。当你经常在对方的朋友面前赞美他时，他就会被打动，认为你是一个值得深交的好友。

在组织行销中，更要学会背后赞美。当你开始不断推崇自己的组织领导人和伙伴时，他们的能量就会加强，这对于团队的壮大和稳定非常重要。有句话说得好：借力使力不费力。你想借谁的力，就要赞美他、推崇他。

多赢赞美

这项赞美技巧在于，你在赞美对方时，可以把第三方对他行为、外表与品格等方面的赞美语言，原封不动地转述给他听。

例如，你可以这样说："你好，王总。李总跟我说，你是公司老客户成交高手，只要你出马，没有拿不下来的客户。你的成交秘诀是什么？"

这样的赞美是多赢的，可以拉近彼此之间的关系，不仅让王总对你充满好感，也会让王总感恩李总的推崇，李总知道后也会很开心。

一名销售代表经常跟顾客使用多赢赞美法，达到了让人意想不到的效果。他发现，借经理之口赞美过的顾客，见到经理后都非常开心，会主动和经理打招呼。经理后期成交这些顾客自然非常容易，因此经理也越来越器重他。

赞美异性，尤其是初次见面的异性，运用多赢赞美法，往往会起到意想不到的效果。

借他人之口赞美对方，既能传达善意，也能表明自己的赞同立场，不会显得突兀直接，也能借助微妙的心理使对方感到惊奇，更能让对方沉浸在猜想的快乐中。

在一次宴会上，张小姐结识了一位男士。这位男士帅气、高大，很有绅士风度。张小姐很想接近他，增进对他的了解。

但她明白，想要给对方留下一个好印象，如何开口是关键。因为在这种男人周围，应该有很多女人想接近他。因此要想博得他的好感，必须表现得不卑不亢。张小姐因为先开口，处于主动地位，所以她想要以稳取胜。她认为，借他人之口称赞对方是最有效的。

朋友介绍张小姐和这位男士认识后，张小姐说："听说你潇洒开朗，以前只闻其名，今天看来的确如此。"

从对方口中得到的夸奖在初次见面时能起到重要作用，这样的开场白不仅暗示了张小姐想结交对方，还引起了对方的注意。最重要的是，这样的开场白在给张小姐带来机会的同时，还能让她掌握主动权。

由这个故事可以看出，借他人之口赞美一位异性，能增强赞美的效果。人们会认为借他人之口加以赞美是托词，因为你羞于直接说出口，你所表达的其实是自己的真实看法。

一个人直白地称赞异性，在国人的传统观念中，不仅会让自己的形象受损，还会让对方不自然。借他人之口进行赞美，既可以达到赞美对方的目的，还可以维护双方基本的心理安全需求。因此，赞美异性不如采用多赢赞美的方式。

读者朋友可能会有这样的疑问：没人介绍，怎么用多赢赞美？如果你也有这样的疑惑，可以尝试一些特殊的方法。

在聊天过程中，知道对方的家乡后，可以说："杭州的姑娘都像你这么美吗？"知道她的职业后，可以说："现在做微商的姑娘都这么好看吗？"

超实用赞美技巧

一些非常实用的赞美技巧，可以帮助你提高赞美的效果。

善于找到对方的闪光点。实事求是，真诚真心。

逢物加价，遇人减岁。这是赞美的要点。

生人看特征，熟人看变化。第一次见面，我们要寻找对方显著的特征；第二次见面，要寻找对方发生的变化。

第一时间送上赞美。赞美有有效期，过期的赞美没有效果。

赞美对方最得意但他人不以为然的事。让对方获得认同感非常重要。

在对方获得成功时，立即送上赞美。

赞美你希望对方做的事情。上司对下属常常运用这种方法。如果你希望对方有耐心，赞美他是位富有耐心的人，他会逐渐成为有耐心的人。

背后赞美，效果更好。这是处世高手的绝招。

接受对方的赞美

接受赞美能让人认为你能接受对方。相反，如果你拒绝了他人的赞美，对方通常会解读为你是在拒绝他。

很多人听到别人的赞美，内心非常开心，可是却说："哪有，我没你说的那么好。""说得我都不好意思了。"

这样的回应让赞美的人很尴尬，尤其在人多时，用这样的方式回应赞美，会极大地打击赞美者的热情和信心。

刚开始和朋友交往时，彼此赞美较多，但是随着关系越来越亲密，赞美却逐渐减少。这不是因为关系越亲密越不需要赞美，而是因为你时常把赞美拒之门外。对方赞美你时，一次次不恰当的回应，封闭了对方赞美的心。

很多女士在谈恋爱时经常收到男朋友的礼物，但是结婚后几乎再难收到礼物。不是因为男人不懂浪漫，而是因为女士把浪漫拒之门外。

老公给老婆买了一大束鲜花，老婆心里很欢喜，嘴上却埋怨："又乱花钱，花过几天就凋谢了，还不如把钱攒给孩子……"老公误以为老婆不喜欢鲜花，干脆不再买了。

你享受什么，什么就会越来越多。

你享受礼物，礼物就会越来越多。

你享受赞美，赞美就会越来越多。

你享受金钱，金钱就会越来越多。

例如你给孩子买玩具，如果你买一个他享受一个，玩得很开心，你就想给他买更多的玩具；如果你买一个他嫌弃一个，或者想要更大的玩具，慢慢地你就不想再给他买玩具了。你的出发点是为了让他开心，但是买了玩具他依然不开心，你会认为买玩具对他来说不是最好的，自然就不想再买了。

对待金钱也是一样，享受每一分钱，享受每一次进账，你的金钱会越来越多。

公司给员工发年终奖，一名员工每次都非常开心，享受这种进账的感觉，老板就想给他多发点；另一名员工总认为年终奖少，不享受这笔钱，老板就自然不想再给他发了。

大钱小钱都是钱，你不享受小的进账，就代表你不享受金钱。你不享受金钱，金钱自然就不会来找你。

如何接受赞美呢？可以运用下面三种方式：一是坦然接受；二是谢谢对方的赞美；三是表示由衷的感谢。

A：“B，你的车看起来很不错。”

B：“谢谢你，A。我早上才洗过车，还打了蜡呢。你有注意到我的车，让我好开心啊，谢谢你。”

表达对赞美者的感谢，会让赞美者有成就感，激活他内在的价值感，让他更愿意欣赏和赞美他人，取得双赢的局面。

上文赞美的三个维度一节中提及当面赞美马丽的笑容，她如果这样回应："苏总，真的很感谢你，听你这么一说，让我充满了力量和信心，我相信我可以做得更好。"

这样的回应让赞美者感到自己非常有价值，他的赞美帮助马丽找回了力量和信心，这种感觉是神圣的，能激活他继续赞美和帮助他人成长的动力。

如果马丽想让对方继续赞美自己，不妨提一个小要求："苏总，真的很感谢你，听你这么一说，突然让我充满了力量和信心，我相信我可以做得更好。如果你能经常给我这样的鼓励，说不定我能成为团队的销售冠军！"

今日功课

· 养成习惯，每天赞美三个人，观察他们如何回应。

06

如何提问

学会提问更重要

很多团队管理者有一项核心能力，就是会提问。因为他们知道，提问的人才能掌控谈话。

团队管理者常犯的两个错误，就是不提问和问错问题。

社交新零售这一营销模式，社交在前，新零售在后。没有社交，新零售就是空谈。

但是回顾我们的沟通模式会发现，很多人把商业社交做得冷冰冰，没有温度，因为他根本不懂怎样问问题。

不会提问，你什么都做不到。

提问是对客户的尊重

客户A问："你好，在吗？"

B说："您好，在的。请问有什么能够帮到您？"

A问："请问这个洗发水多少钱一套？"

B说："这个洗护套盒198元。"

A问："有没有更便宜的？"

B说："不好意思，没有更便宜的了。"

上述提问的结果可想而知，自然没有成交。

之所以会出现这样的结局，是因为沟通方式不对。

万事万物都有流程和规律，流程不对，事情即使做了结果也不尽如人意。

以做酸辣土豆丝为例，我们要做好这道菜，需要的工序有洗净、去皮、切丝、浸泡和爆炒。

如果一个人做土豆丝的流程错了，会有什么结果呢？

他买回土豆先切，再洗，然后再爆炒。炒完后发现没有去皮，花了几倍的时间一根根去皮，最后泡泡水端上来。试问，这样的土豆丝有人愿意吃吗？

在工作中，有些人因为不努力所以不成功；还有一些人，非常努力却依然不成功，这就是流程出了问题。

做一盘酸辣土豆丝都有流程，商务沟通和销售成交更应该有固定的流程。

我早年做培训时，经常有学员询问课程价钱。我很傻很天真，对方问什么我答什么，价格也直接报了出去，结果却是望眼欲穿不见人来。

随着不断地学习和成长，我认识到我并没有真的尊重客户。

营销人员最大的悲哀，就是对客户有问必答。这导致客户对我们知根知底，但我们对客户却一无所知，还幻想着用真诚打动对方。

提问是对客户最大的尊重。

A：“小张，你们家孩子几岁啦？”

B：“我们家孩子 5 岁啦。你们家的呢？”

A：“我们家的 8 岁啦。你家住哪呢？”

B：“我们家住在 XX 小区。你们呢？”

A：“哎呀，原来我们住在同一个小区，原来是邻居啊。我平时怎么没见到你？你在哪上班呢？”

B：“我在 XX 上班。那你呢？”

这是生活化的沟通方式，是真正的社交型沟通。学会问对方问题，会让对方感受到你对他的关心和好奇，让对方感受到极大的愉悦和被尊重。

提问的人掌控谈话

会提问的人才能掌控谈话。

智慧的管理者和成交高手面对提问时，会第一时间选择反转提问。如果选择不断回答提问，自认为对客户好，但是对方始终认为你只是位客服。因此只回答问题而不知道反转提问的人是低水平的销售者。

有很多董事长在做经理该做的事情。经理汇报工作，遇到问题时，董事长要么指点江山，要么大包大揽。结果是董事长要做所有的事情，员工没有参与感和成长的机会，长此以往对团队的发展是致命的。

很多团队领导者也一样，自己成长很快，但是却没有看到团队成员的共同成长，于是着急起来。其实真相是，团队领导人“剥夺”了团队成员成长的机会。

很多团队的队长没有激发下属代理的潜能，反而要做更多的工作。当代理说“这个人我沟通不下来”时，队长通常会说：“交给我吧，我来沟通。”

第二天代理问：“老大，昨天那个人你沟通得怎么样了？”

队长说：“还在沟通中。”

代理说：“老大，加油，你是最棒的，我相信你一定能成功。”

这样做的结果是本末倒置。

我经常问朋友们：“你们想做帝王还是大臣？”大家都表示想做帝王。智慧的帝王在面对大臣提出的问题时，是这样回答的。

狄仁杰向武则天禀报道：“启禀陛下，河南发生严重灾情，当如何处置？”

武则天反问：“爱卿，你觉得这件事该如何？”

这时大臣说出自己的想法和解决方案，说得越多参与感越强，帝王只需要判断方案是否可行。如果不行，问他是否有其他方案；如果可行，问他有几分把握，并说：“朕信你，就由你全权负责。”

带领团队也是一样，需要通过反问，让团队伙伴参与到事件当中，参与度越高越感受到自己的重要性，做事情的动力越强。当他遇到问题，自己想出解决方案并取得成功时，他能获得成就感，会更加认可自己、公司和团队。这样的结果正是我们想要的。

提问激发对方潜能

通过提问，让对方从不可能到可能。

身边有些朋友想做某件事，却总是不相信自己能做到，不敢尝试。

如何帮助他们？很多人的第一反应是给予建议加鼓励，但往往没有效果。这里有一个非常实用的小技巧，能很快激发对方潜能，挑战自己。

有一位团队领导者，非常害怕上台演讲，总说自己没准备好，做不到。

这时我会肯定她：“这件事对你来说确实有些挑战，因为你希望自己的分享给大家带来价值，对吗？”

她说：“对呀，我就是怕自己讲不好，浪费大家的时间。”

我继续说：“你这个想法很好。我很好奇，假如你真的上台了，你第一句话打算说什么呢？”

她说：“我会先做一下自己介绍，毕竟先要让大家知道到底是谁在讲话。”

我说：“很好，然后呢？”

她说：“我会感谢大家的到来，感谢他们对我们的认可和支持。”

我说：“非常好，还有吗？”

她说：“我会给大家分享一下我自己的故事，我用产品一年多的心得和体会。”

沟通几分钟后，她突然兴奋地说：“我知道该怎么讲了。”

这里涉及一个技巧，就是假设，假设她会了，假设她已经开始了。因为一个人一旦相信假设是真的，就会相信接下来的一切都是真的。

下次有人问这件事怎么办时，不要急于给出答案，要通过问题引发他的思考，让他自己找到解决问题的方案。

“我知道这件事确实很有挑战，如果让你去处理，你觉得怎么办比较好？”

“我知道这件事确实很有挑战，我们一起探讨，可以吗？你有什么好的想法，说说看？”

“这个问题问得非常好，如果真的出现这样的情况，你觉得怎么处理比较好？”

尝试一下这几个问题吧。

现在有人问我课程的价钱时，我会微笑着反问：“我很好奇，你为什么想了解这一课程呢？”

对方开始回答后，需求就暗含在话语里。

很多难以开展或继续下去的对话，原因无外乎两点。

一是采取了无效的“兜售”方式，告诉某人怎样做。

二是提问的方式错误，把对方引导到错误的方向。

避免批判和建议

批判性和建议性的提问，会造成对方不快，不利于沟通的有效进行。

为什么建议无效

单纯的建议会激发人的逆反心理

有人曾对我说：“真羡慕你，有那么丰富的知识储备。真希望我的生活也和你一样，能够读更多书籍。”

我尝试说服他；“读书真的太重要了。不仅能开阔视野，还能让人心情舒畅。再说了，书籍是人类进步的阶梯……”

“我知道。”他说，“你说得很有道理，只是我总是没办法立刻行动起来。”

“万事开头难。”我颇有感触地说，“但是你开始读就不一样了，你会爱上读书的。”

“可能吧，我总是读不下去。”

“读书可以让你振作起来。”我继续说道，“我知道你的感觉，我以前也读不下去，但是先挑一些轻松有趣的书来读，就会慢慢爱上读书了。”

“真不错，你的生活方式真好，可我好像就是做不到。”说完后，他就转移了话题。

正所谓：

人人心中有智慧，何须你来讲道理。

莫谈阻力强动机，千金难买我愿意。

这件事让我感觉非常不好，一方面为他难过，因为我知道他确实想读书；另一方面也觉得懊恼，因为没有找到方法让他行动起来。

你认为某人应该做某件事，试图说服对方接受你的建议。但是多年实践表明，兜售法不仅起不到任何激励作用，而且会打击人们的积极性。

有位心理学家做过这样一个实验：他在一所大学的男洗手间挂上禁止涂鸦的牌子，其中一块署名为“大学警察保安部长”，并以强硬的口气写着“严禁胡乱涂写”。另一块署名为“大学警察区委员”，并以委婉的语气劝说“请不要胡乱涂写”。每两小时换一次警告牌，查看涂写的数量。

结果发现，挂“严禁胡乱涂写，大学警察保安部长”牌子的洗手间，被涂写的情况更严重。这说明，越是严令禁止，越是权威的姿态，激发的逆反心理越强。

这个实验表明，人们倾向于规避他人要求他们选择的事物，同时会选择他人要求他们规避的事物。

我经过多年的学习摸索，发现了能增强说服力的秘密：只有真正发自内心的渴望，才能让一个人行动起来。换句话说，只要能够让对方说出他为什么想行动，你的话就开始赋能了。

激发对方内心的渴望而不直接指导对方做事，这样做是为了防止逆反心理的产生。

很多父母时常抱怨孩子叛逆，其实这和教育方式有很大关系。小时候让我们觉得最没面子的事情，大概就是做任何事情都会被母亲提前支配。

有亲戚来到家里，你正想开口喊叔叔，母亲立刻说：“赶快喊叔叔，要有礼貌。”快到嘴边的“叔叔”二字怎么也不想说出口，只能硬挤出这两个字。这种情况多了后，就产生了逆反心理。吃饭时明明很想吃鱼头，妈妈说：“把这个鱼头吃掉，对你身体好。”你想吃的渴望在听完这句话后会立刻消失，开始抵触吃鱼头。

关注动机

别人让你做的事，你总是不乐意去做，即便那是你本来想做的事。

心理学家做过关于逆反心理的实验：在一间屋子的桌面上放三个倒扣的杯子，并在其中一个杯子下面放一枚硬币，之后让孩子们进入屋子玩耍。玩耍结束后倒扣的杯子安然无恙，未引起孩子们的注意。孩子们第二次进入这间屋子玩耍时，实验人员对他们说：“不可以乱动桌上倒扣的杯子，否则就惩罚你们。”玩耍结束后杯子有被动过的痕迹。

这个实验的结果表明：逆反心理的发生建立在人们维护自尊的基础上。

不想让他人产生逆反心理，就要强化对方的自主权。无论做什么事情，人们都不喜欢被人指使。

当我们试图说服他人时，往往会说“如果不按我们说的做，后果将不堪设想”，例如你会说：“你必须承担更多的职责，否则我可能会让你走人。”

“你必须得减肥，否则你就要得糖尿病了。”

“你必须戒烟，否则你就要得肺癌了。”

“你最好把自己的分数提上去，否则你根本考不上好大学。”

这种恐吓战术我们每个人几乎都用过，至少用过一次，但结果往往不理想。

逆反心理是很难克服的。幸运的是，我们可以让他关注自己“想要做什么”和“为什么”，这是激发对方动机的诀窍。

关注最微弱的动机也比谈论阻力好很多。

我们有一种强迫性渴望，想让自我认知与实际行动完美结合。一旦发生认知失调，即发现不像想象中那样了解自己，就会感到很不舒服，于是采取行为来证明我们非常了解自己。

对大部分人而言，发现自己认知失调是一件很痛苦的事情。消除这种不适感的唯一办法，就是让自己成为期望中的样子。因此，如果让一个人说出哪怕最微薄的渴望，一定程度上他就会愿意让行动和认知达成一致。

每个人都渴望成为一个自信、勇敢、积极、乐观、信守承诺、付出、包容、大度、有担当、有激情和善良的人。我们要做的就是相信他们拥有这些特质，并激发他们的正面动机。

一艘货轮在烟波浩渺的大西洋上行驶，一个在船尾做勤杂的小孩不慎掉进海水中。孩子大喊救命，无奈风大浪急，船上的人都没有听见，他眼睁睁地看着货轮越行越远。

求生的本能让孩子在冰冷的海水中拼命地游，他用尽全身力气挥动着瘦小的双臂，努力使头伸出水面，睁大眼睛盯着轮船远去的方向。

船身越来越小，后来什么都看不见了，只剩下一望无际的汪洋。孩子的力气也快用完了，觉得自己要沉下去了。“放弃吧。”他对自己说。这时他突然想起老船长那张慈祥的脸和友善的眼神。“不，船长知道我掉进海里后，一定会来救我的！”想到这里，孩子鼓足勇气用尽最后的力量朝前游去。

终于船长发现这个孩子失踪了，当他断定孩子掉入海里后，下令返航，回去找他。这时，有人说：“这么长时间了，就是没有被淹死，也让鲨鱼吃了。”船长犹豫了一下，还是决定返航寻找他。

终于，在孩子就要沉下去的最后一刻，船长赶到并救起了他。

当孩子苏醒后，跪在地上感谢船长的救命之恩，船长扶起孩子问：“孩子，你怎么能坚持这么长时间？”

孩子回答：“我知道您会来救我的，一定会的！”

“你怎么知道我一定会来救你的？”

“因为我知道您是那样的人！”

听到这里，白发苍苍的船长“扑通”一声跪在孩子面前，泪流满面：“孩子，不是我救了你，是你救了我啊！我为我在那一刻的犹豫而感到耻辱……”

一个人能被他人相信是一种幸福。他人在绝望时想起你并相信你会拯救他，更是一种幸福。

正所谓：

善恶两只狼，圈养心中央。

孰强由汝定，谨慎喂食粮。

避免批判性和建议性问题

当看到一个朋友意志消沉，你也许会说：“你究竟做了什么，让自己情绪这么抑郁？”这样的问题带有批判性，容易激起人的防御机制，对方会说：“我并没有说我很抑郁，你为什么觉得我很抑郁而且做错了事？我只不过是感觉今天状态不太好。”

批评性的问题出现时，对方的第一反应是保护自己，无法将焦点放在自己身上，认真体会自己想要什么，这会影响沟通的氛围。

批判性问题	更好的问题
你怎么能对员工这么粗鲁？	你觉得怎样和员工说话才会让他们感觉好一些？
你为什么不能信守承诺，完成行动方案？	为了完成那些行动方案，你会怎么做？
难道你没有意识到，你会破坏这个关系吗？	你想怎样维持这个关系？
你疯了吗？为什么那样对女儿说话？	你应该怎样说才能取得理想的结果？
难道你不认为你在同一时间做了太多的事？	怎么才能把注意力集中到对你来说更重要的事情上？
你怎么会陷入这样的骗局？	你怎样才能让自己保持信息通畅避免这样的骗局？

尊重对方的自主权，让他自己去寻找答案，能够强化他的正向动机。

建议性问题	更好的问题
难道你不能利用采访来收集数据？	你打算怎样收集有效数据？
你为什么不送她一串项链和一封信来和她重归于好？	如果想和她重归于好，你打算怎么做？
每次训练一小时，每周三次怎么样？	你打算怎样保持身体健康？
如果不是一再拖延，你是不是已经完成这个计划了？	你觉得应该怎么做才能按预定时间完成这个计划？
在仓促决定之前，你是否应该和团队商量一下？	对于这一决定，你想要和谁商量一下？
如果不责备他人，情况会不会有所好转？	如果你对这件事负有全部责任，你会怎么做？

正确的提问方法

提问有特有的方法和技巧。

提问时，我们要问正确的问题，做正向沟通，同时要问开放式问题，避免封闭式问题。

正确问题

一个错误问题，会把对话双方带到错误的方向，与想要的结果南辕北辙。

有句话说得好：不为失败找理由，只为成功找方法。但是大多数人都是背道而驰，不仅为失败找理由，还引导对方给失败找理由。因为他们喜欢问同一个问题“你为什么不”。

永远不要问“为什么不”。

我经常会问客户：“课程这么好，为什么你不报名？”结果是客户给了我很多不报名的理由，我成功地把客户引导到不报名的方向上。我逼问得越紧，他给出的理由越多，反而坚定了他不报名的决心。

相信你也问过类似的问题。

“你为什么不想做？”

“你为什么不选择加盟？”

“是什么阻碍了你？”

“你觉得自己为什么会遇到这么多困难？”

研究表明，关注人们的抵触情绪只会让他们抵触得更强烈，但强化和激活人们的正向动机则会带来积极效果。

很多男人自讨苦吃，逼问女孩：“他哪里比我好？”这样做是逼着女孩找他的缺点和对方的优点。结果就是对方的优点越来越多，自己的缺点越来越多。

很多做生意的伙伴对自己非常“残忍”，把客户一步步逼到竞争对手那里。

他们经常说：“我们的项目这么好，你为什么不做？他们是一小公司，你和他们聊什么呢？”

“我是你的好朋友你都不给我点赞，你和他都不熟，怎么老是给他点赞，你是不是想跟着他做？”

这类问题把“矛头”全部指向自己，逼着自己的好朋友去找对方的优点。因为人性都会选择让自己舒服的方式，会为自己的行为找到一个合理的理由。

问问自己，有没有做过类似吃力不讨好的傻事？

我经常开玩笑说：“很多时候是我们把对方逼到悬崖边，让对方不得不跳，对方跳了后还会诧异，他怎么这么想不开？”

具体应该怎样问呢？试试这样的话语。

“我很高兴你能把我作为你创业的选择对象之一，是因为我的哪些优点吸引了你吗？”

“我了解你也在考察 B 公司，我很好奇，目前为止你还没有和 B 公司合作，是因为你还有什么顾虑吗？”

这样的问题，让对方聚焦于寻找你的优势和对方的劣势，相对比之下，选择谁就不言而喻了。

你的话语就是别人思考和行动的方向。永远把焦点聚焦到对自己有利的目标和方向上，这是领袖的必修课。

正向沟通

大部分人习惯于看事物的消极面，要想换个角度看问题，需要有意识地进行训练。请调整你的说话方向，寻找事物的积极面，给自己和他人带来力量。

追求快乐逃离痛苦是人类的本能

人类的本能是追求快乐、逃离痛苦，即古话中讲到的“趋吉避凶，趋利避害”。很多人没有完全理解这八个字，产生了许多误解。

我曾经听到一些培训老师说：“逃离痛苦的力量比追求快乐的力量大 10 倍，你必须运用痛苦驱动的力量，运用人性的恐惧去说服他人。”这句话听起来非常有道理，只是并没有表达完整，从而导致了一些问题。

很多从业人员喜欢用痛苦驱动去说服他人，以保险、美容业和养生为典型代表。他们开口就用环境污染、食品污染和水污染等大问题刺激顾客。或者说对方脸色不太好，是典型的亚健康，现在没生病是因为年轻，过两年再不养生的话，身体就会……

这样的沟通会让听者压力很大，心里非常不舒服。用这种沟通方式交谈，就是在逼对方逃离痛苦。逃离痛苦有两种方式：一种是按照他说的去做；另一种是远离他这个人。

几年前打开微信朋友圈，里面有很多关于食品安全的链接，内容几乎涉及所有食物，因为污染严重几乎什么都不能吃。那时很多朋友都说："干脆啥也不吃，饿死算了。眼不见为净，以后这类信息再也不看了。"

我有一位企业做得非常好的朋友。一天，一位保险从业者给他打了一通电话，让他很生气。如果那个人不是他爱人的好朋友，可能会将其直接拉黑他。

原因很简单，那个人一开口就说："X总，你现在的企业越做越大，需要经常到全国各地出差。万一哪天飞机出事了，你的老婆和孩子怎么办，你应该提前为他们做好保障……"没等对方说完，这位朋友就挂了电话。因为对方的话让他感觉极不舒服，不想再听下去。

如果你经常给身边的人带来痛苦或不舒服，他们就会远离你。相反的，如果你经常给他们带来快乐，他们就会靠近你。这是人类追求快乐、逃离痛苦的本能。

假如你想说服一位女士加入你的健身俱乐部，就要设法让对方产生积极的感受。例如你可以告诉她，苗条、健美的身材十分诱人，当一个人充满活力，她会变得光彩照人、引人注目。

当然，并非是无须让客户感受到危机，而是要注意方法和时机，这里涉及很大的学问。这部分内容将在后文的五步成交沟通法里和大家详细探讨。

如果你要说服一个人放弃某件事，要强化对方与之相关的消极感受；如果你要说服一个人接受某件事，要强化对方与之相关的积极感受。

正向沟通的积极影响

正向沟通能够带来积极的影响，可以把对话的焦点从困难转移到潜在的好处。

“这种行为可能为你带来哪些好处？”

“你为什么想要健身呢？”

“如果所有障碍都奇迹般消失了，你为什么还想做这件事？”

“我知道此刻你没准备好加盟本公司。但是我很好奇，如果将来有一天你突然准备好了，可能会出于什么原因加入本公司？”

长期这样思考并提问，你将更多地关注事物的积极面，你会在沟通中下意识激活和肯定对方的正向动机。

他人向我们提出一个正向的问题后，我们会立即注意到自身的反应。我们的内在对话开始，脑海中会闪现出各种想法，我们变得好奇，开始在新的层面上进行思考。

你提出正向的问题后，可以让对方进入探询状态，引领他来到一个独特而有价值的领域，引导他探寻自己内心的意图和期望的未来。换言之，正向的问题可以引导对方聚焦自己的目标，对目标充满渴望，并相信自己一定能做到，进而有勇气去行动。

正向沟通，才能有勇气做更好的自己

开放式问题 VS 封闭式问题

封闭式问题

提出封闭式问题后，通常情况下你只能得到两三个字的简短回答，对话会就此结束。

问："你是从什么时候开始当设计师的？"

答："五年前。"

问："你喜欢刘德华吗？"

答："喜欢。"

封闭式问题只有非此即彼的答案，倾向于关闭对话。封闭式问题适合运用于一些特定的场合和时机。与开放式问题相结合，可以和对方建立合约并获得承诺。

开放式问题

开放式问题鼓励人们进行深入思考，自由、开放地回应这些问题。开放式问题往往能温暖人心，唤醒人们发现、觉察、承诺和行动，而不是聚焦于过去的挑战。当你习惯了聚焦未来，开放式问题能激发你想象充满力量的画面，带你进入鲜活的愿景之中。

开放式问题表达了对他人的尊重，因为这类问题带着这样的期待：你有能力找到自己的答案。

强有力的开放式问题通常包含温和的措辞。试想一下，一个有力量的开放式问题，如果没有温和的措辞和好奇的语调，会发生什么呢？

我邀请学员用这样的方式互相提问，让他们体验语音语调的重要性。措辞太生硬，对方会感觉很不舒服，感受到了批评或操控，引起自卫反应，这样沟通是无效的。用温和而好奇的语调提问，对方会感觉很舒服，能感受到问话者的关心："他希望我参与进来。他说的都是我的议题，我信任他。"

开放式问题可以包括这些关键词：如何、怎么和为什么。

问："你如何评价刘德华？"

问："你对刘德华的新电影怎么看？"

问："你为什么喜欢刘德华？"

练习时，可以将封闭式问题和开放式问题相结合。

问："你什么时候搬到杭州市的呢？"（封闭式问题）

答："大概 5 年前吧。"

问："你为什么这么喜欢杭州市呢？"（开放式问题）

答："一直听说上有天堂，下有苏杭，就想要来杭州。我特别喜欢西湖，希望经常到西湖边散步……"

前文提到，真正的改变源于对生命的热爱。如果你想影响一个人，就要让对方聚焦于美好的未来，而不是痛苦的过去。

一个聚焦于过去的“为什么”，可能引发辩护和反向指控。反之，当“为什么”被用于聚焦未来时，能揭示出选择背后的价值。

负面问题“为什么我就没有足够的时间”，这类问题会让你聚焦于过去，无法激活你的能量。我们可以尝试聚焦于未来的结果上。

封闭式问题：有没有方法让我创造出更多的时间？

这个问题已经开始聚焦未来，只是封闭式问题不会让自己深入思考。

开放式问题：我如何能为自己创造出更多的时间？

这个聚焦未来的开放式问题可以促使你深度思考。

更加开放的问题：哪些方法能为我创造出更多的时间？

这样的问题会让你的思考更加深入细致，想清楚了，就知道如何迈出第一步。有时好的想法让人激动，却没有引发行动，是因为不清楚具体做法。

能引发系统思考的问题：有哪些方法，能让我最大化地使用自己生命中每一天的时间？

这样的问话会提高自己的兴趣。当你这样问别人时，也会激发他们浓厚的兴趣。

实用的提问技巧

提问是有技巧的。本节将介绍一些实用的提问技巧，帮助我们实现有效沟通。

层层递进

使用“可能”“可以”等词语

例如把“你将要进行怎样更深入地探索？”变为“你可能进行怎样更深入地探索呢？”，注意思考这两个问题的区别。“将要”是指对方已经想到或者计划好的事情，有说到做到的隐藏意思，在对话中容易让对方产生压力；“可能”则引发了对一个潜在选择的兴趣，并且不会产生压力。

还有一些类似的例子可以供读者朋友们借鉴。

“你可能怎样去学习更多呢？”

“在这个任务中，你怎样能找到更多的价值呢？”

用复数形式提问

人们通常对多个结果更感兴趣。

“你可能从这件事中学到知识的方法有哪些？”

“这种情况下，你想要的有用的结果是什么？”

“你可能去找哪些人来支持你呢？”

请读者朋友们转换下列开放式问题，可以选择使用“可以”“可能”等词语，或者使用复数，把它们变得更加开放。关注这些问题能否鼓励你深入思考，语言的转换是否让你对结果更感兴趣？

“从这件事中你能学到什么？”

“这种情况下，你想要什么？”

“接受这个任务，你的能力将会得到怎样的提升？”

“在完成任务的过程中，什么会激励你？”

加入“很好”“最好”等词语

在开放式问题中加入“很好”“最好”或“最重要”这类词语，可以带来更大的力量，让问题更聚焦。

“从这件事中，你能学到的最好的知识是什么？”

“这种情况下，你想要的最重要的东西可能会有哪些？”

“接受这个任务，你的哪些能力将会得到最大的提升？”

使用开放式动词

探索更大的动词范围，探索使用开放式动词，特别是表示持续不断的进行时态的动词，可以创造出移动的效果。动态比静态更加开放。

例如持续发展、持续成长、持续学习、持续创造、持续激励、持续清晰和不断展开等词语。

问题举例

“有哪些好的方法，可以让你不断发现自己这方面的力量？”

“对于这些提问的方法，你怎样开始并持续学习？”

“你想到了哪些好方法可以让自己不断享受这个过程？”

我们可以使用上文中介绍的动词或其他词语，利用开放式问题的模板，造更多句子。确保问题清晰，可以像激光一样聚焦。加入过多不必要的词语，会阻碍有效沟通。

掌握这套问话思维，你就可以随时给自己或他人做思维翻转。

“我赚不到钱？”

“为什么我总是苦苦挣扎才能勉强维持生计？”

“我如何能够赚更多钱？”

“有哪些方法能让我赚钱呢？”

“哪一种很好的方法能让我开始赚钱？”

“有哪三种方法能让我开始赚钱？”

“我可以用哪些好的系统，快速让自己赚钱的能量最大化？”

结合上文提及的问题引导技巧，就可以引发对方的好奇心，让其聚焦于积极的结果，强化自信心，并制定出清晰的行动计划。

在接受对方行动承诺时，可以使用聚焦目标的封闭式问题，让问题更有力量。

例如父母和孩子约定好，每次玩完玩具后要自己收好。一天孩子玩完玩具后没有收拾，让他收拾时还哭闹。作为有智慧的父母，不会去哄孩子，然后帮他把玩具收好。因为这样做等同于告诉孩子，承诺是可以不用遵守的。

父母要心平气和地对孩子说：“我们之间有过约定，玩完玩具要自己收起来，你是现在收拾，还是哭5分钟后再收拾呢？”一位母亲用过这个方法后，非常开心。因为孩子边哭边回答：“让我哭10分钟再收拾嘛！”

无论怎样，你在谈话中必须掌控谈话的方向，也就是你期待发生的结果。可以给出两个你希望的选择，不管对方怎么选，结果都是你期待的。

“你觉得我下午3点去找你比较好，还是4点去找你比较好？”

“你喜欢使用支付宝还是微信呢？”

“你希望什么时候开始，星期三或者星期四？”

读者朋友们可以在生活中体验书中的说话模式，因为只有体验了才会有感受，有感受才会心动，心动自然行动。而行动能带来新的体验，这是一个良性循环。

如何用提问回答棘手问题

在日常沟通当中，我们难免遇到一些棘手的问题。这些问题不适合直接回答，我们可以用问题引导对方思考，让他们自己得出答案。智者常用这样的方式回答人们的问题。

用问题回答问题能引导对方深入思考，让对方将心比心，达到感同身受的目的。这种方法不仅可以运用于一对一沟通，在一对多沟通中也能取得很好的效果，能瞬间引爆现场。

与人沟通前，要先梳理你的沟通流程，站在对方的角度问自己几个问题，思考如何回答。

当然，还有一些更高明的沟通技巧，核心是讲对方听得懂和能理解的话，引导对方自己做出答复，从而得出结论。

一位年轻人问一位智者："我读过很多书，但是现在都忘记了，读书到底有没有用？"

智者问他："你还记得小时候吃过的食物吗？我想你大多已经不记得了。其实，大部分食物都成了你的骨头和血肉。读书和吃饭一样，你读过的书会丰富你的生命和灵魂。"

在社交新零售行业，经常有人提出这样的问题："你们的管理模式是金字塔式，上面的人赚钱多，上面人管下面人，是不是不法销售啊？"

这时你如果从专业角度进行讲解，可能会适得其反，因为你不一定能讲清楚。即使你讲清楚了，其内容过于专业，对方也不一定能听懂，导致无法取得理想的沟通效果。

这时我们可以用提问的方法回答对方，让他自我思考，得出答案。

首先要认同对方："你说的我都能理解，说明你认真了解过微商。"

其次可以用提问引导对方："我可以问你一个问题吗？一家

公司是否有多位董事？董事下面是否有多位部门经理？经理下面是否有多位项目组负责人？其实大部分公司的管理模式都是金字塔式的，因为真理永远掌握在少数人手中，你说对吗？当然，在很多传统公司中，老板赚的钱肯定比员工多，员工很难提升职务和增加工资，很多公司还有封顶机制。但是在社交新零售中，员工的晋升和收入都上不封顶，每个人都可以通过努力实现自己的价值。这是当下最好的创业机会之一，我们一起加油吧！”

通过提问，能让对方产生联想，自己得出结论。

今日练习

· 利用本章学到的提问方法向 10 个人进行提问，看看沟通的效果如何?

07

积极环境

创造积极的环境

通常 90% 的第一印象是在 4 分钟内形成的，这些初步评价主要来自人们的肢体语言呈现出来的状态。之后人们会根据对方的说话方式及内容，来判断对其的尊重程度和兴趣程度。

想要提升自己在他人面前的第一印象，要从三个方面着手：改变思考焦点；改变说话方式；大幅度改变肢体动作。

积极的环境是可以通过我们的努力创造出来的。

肯定自己

当谈到为什么喜欢目前的生活状况，你要用充满活力的语音来表达，不要贬低自己。

例如“我只是一个小职员”“我不过是一个宝妈罢了”。

可以换一种说法，“我在全国最大的健康管理公司工作，帮助顾客实现身心健康的目标”“我是两个可爱小朋友的妈咪，也是我老公 XX 的好伴侣”。

如果你无法正面肯定自己，他人更无法肯定你，同样你也无法肯定他人。

真理在于解读和运用

没有百分百的真理，关键是要学会对真理的正确解读和运用。

国学大师南怀瑾说：“天地有阴阳。”任何事物都有两面性，真理也一样。所以重要的不是拥有什么，而是如何运用拥有的东西。

有位富人生活在一个十分富裕的国家，好像什么东西都不缺了。然而他还是不满足，认为这个世界上一定还有自己国家没有的东西。于是，他出发去寻找这样的东西。他到过很多地方，却找不到自己国家没有的东西。

就在他快要绝望时，突然发现在一个市场的角落里，站着一个卖东西的人，但是他的面前却空空如也。这位富人好奇他在卖什么，于是走上前去寻问：“你卖什么？”

那个人回道：“智慧。”

智慧？这倒是他从未见过的东西，他问：“多少钱？”

答道：“五百。”

于是富人给他五百金，得到了一句被称为智慧的话语：“遇事细考虑，不轻易行动；今日虽不用，终当有用时。”他不知道这句话什么时候可以用，只好把它熟记于心。

回到家后，他看到妻子的床前多了一双鞋子，认为自己在外多日，妻子出轨了，升起很多恶念。于是他到厨房拿了一把刀，准备把妻子和“奸夫”一起杀掉。

准备动手的那一刻，他突然想起那句被称为智慧的话语：遇事细思考，不轻易行动。于是他放下刀，决定弄清楚事情的真相。他看到自己的母亲出现在了妻子的床边，才明白原来是妻子身体抱恙，母亲前来照顾她。他心想：这句话真的是智慧，何止五百金！

又过了几日，他回到家后看见烛台倒了，桌上已经有了小火苗。他正想动手灭火，又想起那句智慧的话语：遇事细考虑，不轻易行动。

他放缓了灭火的动作，结果火越烧越大，等他准备行动时已经来不及了。

可见真理不是绝对的，关键在于你如何解读和运用。给每个人和每件事找到正向定义，你的世界将会骤然改变。

生活中的一些意外我们无法避免，更无法控制。例如家人明明没做什么坏事，却卷入一起交通事故，身受重伤；或突然罹患重大疾病……我们无法改变事实，但是我们能选择以什么样的心态来面对和看待这件事。

同样面对一个有半杯水的杯子，一个人想：怎么只有半杯水！另一个人想：太好了，有半杯水！

接受现实并从中找出积极的意义，这是我们要努力做到的。一个心智健全的人，能够从痛苦的事情中找出值得学习和感恩的部分。

很多人将自己置于受害者的状态，为了让自己感觉轻松，经常找借口推卸责任。但是这样的轻松无异于饮鸩止渴，是无法维持的。

“都是父母的错，要不是他们经常吵架，我怎么会……”

“都是朋友不好，要不是轻信他，我怎么可能……”

“哎，生不逢时，不怪我……”

“反正一切都是命，我再努力也改变不了什么……”

把自己的不幸都推卸给命运，无论怎样自怨自艾事态也不会好转。我们只有转变内在对话，采取行动才能扭转形势。

例如父母经常吵架，告诉自己：这是他们的相处方式，我尊重他们，但我希望未来和另一半的相处模式是相亲相爱的。

我们无法改变过去，也无法改变他人，只有改变自己的想法（内在对话）和行为，才能改变未来。每个人都拥有改变自己的能力，也就是拥有改变未来的能力。

看到事物的积极面，替换大脑中的词汇，能够让每一句话都充满力量。

“我的个性很阴郁……”“我老是被人说性子急……”“他总是反应慢半拍……”这样的话语会让自己和他人陷入负能量中。

“不识庐山真面目，只缘身在此山中”，跳出庐山，则会“横看成岭侧成峰”。改变自己看待事物的角度，就能将缺点变为优点。

换个角度看待问题，你会发现自己充满了正能量：不是“阴郁”，是“温柔”；不是“反应慢半拍”，是“谨慎”；不是“性急”，是“敏捷”；不是“多嘴”，是“热情”；不是“总是失败”，而是“面临许多挑战”。

自我对话的模式

改变自我对话模式，也是创造积极环境的有效途径。

赋予人生正确意义

前面讲过，“说”是所言皆会兑现成真，我们的话语能给生活赋予意义。

命运和过去的创伤并不能决定我们当下的人生。能对人生产生影响的，是自己的思考方式及其赋予你人生的意义。对于这种思考方式通俗的理解，就是你的自我对话模式。

事实上，困扰我们的并不是“客观事实”，而是“主观解释”。例如：很多人因为自己的身高只有 150 厘米而妄自菲薄，认为自己太失败。“客观的事实”就是身高 150 厘米，认为自己太失败则是“主观的解释”。

让话语充满能量，就是改变我们的说话模式，把负面的主观解释转变为正面的解释。有人把身高 150 厘米解释为“浓缩的就是精华”，认为身高 150 厘米不是失败而是优势。问题不在身高本身，而在于如何看待身高以及赋予它什么样的意义。

赋予人生正确的意义，就像漆黑夜晚的明灯，能够让我们找到前进的方向，实现自身的成长和蜕变。错误的意义则会让我们陷入沼泽无法挣脱，直至毁灭你的人生。

赋予人生意义的权利就在你的手中，在你的思想中，在你的自我对话中，在你的每一次行动中。

转变他人思考焦点

如何改变他人的思考焦点，让他不为失败找借口，而是为成功找方法？

一些做微商的朋友经常抱怨：“发朋友圈一点用都没有。”上司听到这句话可能火冒三丈，批评道：“怎么可能没有用？别找借口，就是懒。怎么别人有用你没有用……”结果双方不欢而散。

每个人都希望能获得肯定，不希望被否定。当你持续聚焦负面问题时，负面问题会被越放越大，最终导致无法收场。

一个团队领袖说起她曾经的窘迫。有段时间她不断质问代理为什么不发朋友圈，导致大家对公司失去了信心。

“为什么不发朋友圈？”

“没时间。”

“为什么别人有时间，你没时间，我看就是不想发。”

“不是我不想发，是公司没有好的素材，发出去的内容一点吸引力都没有。”

“公司那么多素材，怎么就没有吸引力了！”

“你看XX品牌，人家的文案策划就很厉害，我们公司的太落伍了，还是实力不行，是不是公司没钱找厉害的文案策划了？”

在移动互联网社交新零售时代，尊重每个人的价值，发挥非权力影响力才是长久的制胜之道。

遇到这种情况,可以用几个小步骤,快速改变对方的思考焦点，营造积极的环境：弄清楚对方的问题背后真正想要的目标和结果；永远不要否定任何人，无论对方说什么，先肯定他；进行语言转化和正向引导。

“我很认同你的说法，确实一些没有质量的朋友圈不值得发（认同），其实你更希望发出一些高质量、真正吸引人的朋友圈，对吗（负转正）？”

掌握这个技巧，你就能把负面问题转化为正面问题，营造积极的环境。

面对一个负面问题“感觉自己好迷茫，不知道该干什么”时，我们应当这样做。

第一步，弄清问题背后的目标。

让自己有方向，能够主动出击，做有意思的事情。

第二步，肯定（背后的目标）并转化（动机永远不会错，只是行为没有效果）。

“我能理解你的心情，也就是说你很希望自己能重新找到目标，拥有充实的生命，是这样吗？”

第三步，正向焦点提问，激活动机。

“为什么这对你来说很重要呢？”

每一个问题的背后都有一个期待达成的目标。

团队的领导就是让团队的焦点永远聚焦于问题背后的目标，

而不是在问题上耗费精力。

例如代理说“以后别让我们办沙龙会了，劳民伤财，一点用都没有”时，你应当想到改变问题的方法。

第一步，问题背后的目标是什么?

不是不想开沙龙会，而是不想开没有效果的沙龙会，内心期待能达成结果。

第二步，肯定（背后的目标）并转化（动机永远不会错，只是行为没有效果）。

“我非常认同你的观点，确实一些没有经过精心策划、没有筛选资源的沙龙会不值得开，会浪费时间和精力，我能体会你的心情。其实你特别在乎团队的成长和收益，沙龙会要么别开，要开就要经过精心策划，有组织有目标地进行，是这样吗?”

第三步，正向提问，激活动机。

“为什么开出这样有结果的沙龙对你来说很重要?”

有一个微商团队，他们一开始对沙龙有误解，独自操作一次后效果很不理想，导致团队成员热情下降，不想进行沙龙活动。团队领导再次号召大家举办沙龙时，团队内部有很多反对声音，大家认为沙龙不仅浪费时间、精力和金钱，还没有实质效果。后来，团队的领导采用本书的沟通方法后，团队成员在心理上接受了沙龙，学习相关的沙龙课程，开始人人沙龙、人人分享时代，用低成本和高业绩，点燃团队氛围。

永远不说不可能

你的话语就是指令。当你说不可能时，你的身体就会按照指令，调动愤怒、痛苦和压抑等情绪来限制你；当你告诉自己一定行时，你的身体就会按照指令，调动勇气、坚持和力量等情绪来支持你。

美国第一大汽车制造商福特公司取得成功后，创始人亨利·福特成为众人羡慕的对象。

多年前，亨利·福特决定改进著名的T型车的发动机汽缸。他要制造一个具有铸成一体的八个汽缸的引擎，便指示工程人员去设计。但是，当时大多数工程技术人员认为，要制造出这样的引擎是不可能的。虽然面对的是老板，他们还是一口回绝了这样的“无理要求”。

听完技术人员的理由后，福特没有气馁，他用无法反驳的语气说：“无论如何都要生产出这种引擎。”

他们回答道：“这是不可能的。”

“我是绝不相信任何不可能的。去工作吧！”福特命令道，“坚持做这件工作，无论用多长时间，直到你们完成工作为止。”

被他的气势感染，负责技术的员工只好去做这项工作。如果他们要继续在福特汽车公司工作，就不能去做其他工作。六个月过去了，这项工作没有任何进展。又过了六个月，他们仍然没有成功。这些工程人员越努力，越认为这项工作是“不可能”。

到了这一年年底，福特询问工程人员时，他们再一次向他报告说无法实现他的命令。“继续工作，”福特义无反顾地说，“我需要它，我决心得到它。哪怕它是一只老虎，我也有勇气擒住它！”

最终，这部发动机被安装在公司最好的汽车上，福特公司把最有力的竞争者远远地抛到了后面。

在勇气面前，任何困难和挫折都是它的手下败将。敢于应对挑战的人，能把奇迹变为现实，把不可能变为可能。

正所谓：

少年壮志莫言愁，奋勇拼搏闯九州。

万般挑战不畏首，自无悔恨盼重头。

对方是什么样的人，是被你赋予的。当你不断重复所说的内容，它就会被兑现，成为现实。

你说的话就是一条指令，会潜移默化地影响对方，让他跟随着你的指令行动。

例如你对一个人说："我觉得你是一个非常上进的人。"对方会认为你是真的懂他，于是更加追求上进。

"你真的太懒了。"对方会想："懒怎么了？我就懒了，你能怎样？"

美国著名心理学家罗森塔尔做过一项非常有名的实验，用于研究老师的期望对学生成绩的影响。他和助手来到一所小学，声称要进行一个"未来发展趋势测验"。测验结束后，他们以赞赏的口吻将一份"最有发展前途者"名单交给了校长和相关老师，叮嘱他们务必保密，以免影响实验的正确性。事实上他们撒了一个"权威性谎言"，因为名单上的学生是随机挑选的。

八个月后，奇迹出现了。名单上的所有学生，学习成绩都有了较大进步，各方面都表现得十分优秀，表现出了更强的学习能力和求知欲。

显然，罗森塔尔的"权威性谎言"发生了作用，对老师产生了暗示。老师相信专家的结论，相信名单中的孩子有很好的发展前途，对他们寄予了更高期望，投入了更多热情，加倍信任和鼓励他们。

这份名单通过给孩子们赋予"身份"，影响了老师对学生能力的评价，老师将自己的心理活动通过情感、语言和行为传递给学生，使学生强烈地感受到了来自老师的关爱和期望，学生的自信心得到增强，因而比其他学生更努力，进步更快。

这个现象被称为“罗森塔尔效应”。这一效应表明，一个人能否成为天才，取决于家长和老师在开始给他贴什么样的标签，能否像对待天才一样爱他、教育他和鼓励他。表面上看，这是一个简单的心理暗示，俗称“贴标签”。但是它的背后却掩藏着深刻的道理。

沟通就是自己先进入成功的状态，再把听众带进去。

开口说话前，你要发自内心地欣赏自己，给自己贴一个“沟通大师”的标签。你要发自内心地欣赏你的听众，给他们贴上一个“最有眼光、最爱学习、最有行动力”的标签。

很多人经常苦恼没有资源，不知道如何成交客户。其实这一切的苦恼都源于你还没有开启“欣赏”的能力。

你有多欣赏你自己，你就能成交多大能量的客户。

我刚开始做培训时，对自己不是特别认可，不敢要高价，不敢成交大公司，怕自己无法给予对方想要的结果。后来我发现无法走出这种心态，决定做出改变。我开始不断学习，肯定自己，给自己写成功日志。当我开始欣赏自己，我敢向任何一位大咖分享我的产品和服务，成了很多顶级团队的培训顾问。

你能欣赏多少人，你就能成交多少人。

一个男生不会向一个自己不喜欢、不欣赏的女生表白。同样，作为沟通大师，如果你无法欣赏你的沟通对象，认为他们参差不齐、境界不够、资金不够，你就无法用全部的能量促成成交。

在成交流程中，提前筛选意向顾客很重要，但是一旦开始沟通，你就要欣赏你的沟通对象，相信他是一位“最有爱、最有行动力、最有投资眼光”的人。你要做的是享受当下，欣赏，相信，静待花开。

在我的职业生涯中有过一段非常美妙的体验，希望能对读者朋友们有所帮助。

那是一场在一家专卖店举行的小型销售讲座，开讲前店长找到我说：“彭老师对不起，这次客户没有邀约好，都是一些‘会油子’，来听课就是为了拿礼品，你随便讲讲就行。”

当时我想，这个店长心很好，但是他不知道结果是由自己说出来的。他做错了假设，给客户贴错了标签，所以培养出了很多不消费的会油子。

于是我微笑着问他：“如果他们今天成交了，你开心吗？”

他说：“能成交当然开心了。”

于是我继续说道：“如果你认为他们是‘会油子’，不可能成交，你会发自内心地去成交他们吗？你会发自内心地把好的产品和服务推荐给他们吗？你会发自内心地爱他们吗？”

店长陷入了思考，我继续说：“今天我们来做一个游戏，就是你和店里的4位伙伴，一起改变错误的‘标签定义’，相信他们今天一定会买2盒产品，带着这样的信念配合讲座，一起见证这个伟大的奇迹。”

“标签”开始改变时，欣赏的能量就流露出来，每个人都开心地配合讲座，不厌其烦地邀请和鼓励客户进行互动，最终有13位被认为是“会油子”的客户购买了共计30盒产品。

虽然这场销售讲座成交额不高，却成为一场具有传奇色彩的讲座，因为这场讲座触摸到了成功的精髓。

“贴标签”不是目的，而是带你进入欣赏的状态中。

每个人都渴望被欣赏和关注，当你给予对方足够的欣赏和关注时，他的内心是温暖的，会积极地回应你。

保持热情是秘诀

以正面的期待来谈论生活，不仅能让对方喜欢你，也能促使对方深入了解你和你的谈话。时常保持热情的笑容，会让人好奇你为何如此有活力。

有这样一家小鱼铺，吸引了世界500强的CEO前来观看它成功的秘诀。这家小鱼铺的秘诀是什么?

在美国西雅图，有一家名叫派克的鱼铺。鱼铺面积30平方米，每公斤货物平均售价仅几美元，在10年间将利润跃升10多倍。

这家名叫派克的鱼铺，之前和其他鱼铺一样，并不出名，但老约翰接手后，它的情况大为改观：不仅实现了赢利，而且变得非常出名。

老约翰先改变鱼铺的视觉效果，接着将工作围裙改为明艳的大红色，并要求营业员改善形象，改掉闷不作声的呆板状态。

老约翰发明了“呼叫”销售法，让员工一边包装称好的鱼一边朗声叫道：

“这条大鲑鱼要跟这位漂亮太太回家去啦！”

“这6只大螃蟹要装进这位先生的袋子里啦！”

呼叫声此起彼伏，热闹的声音引诱得路人都想进去一看，其中不少人将“一看”变成了“一买”，而员工因为改变了工作状态，从而改变了工作心态，脸上不仅有了笑容和活力，也更加热爱这份工作，许多人已在这家鱼铺持续工作了15年。

这家小鱼铺成功的秘诀就是热情。

说服是信心的传递，是情绪的转移。

没有谁会拒绝一个充满热情的人。聚焦正向焦点，大幅改变肢体动作，说积极的话语，就能让你热情起来。

认为自己很重要

三个工人在建筑工地上砌墙，有人问他们在做什么。

第一个工人悻悻地说：“没看到吗？我在砌墙。”

第二个人认真地回答：“我在建大楼。”

第三个人快乐地回应：“我在建一座美丽的城市。”

十年后，第一个工人还在砌墙，第二个工人成了建筑工地的管理者，第三个工人成了这个城市的领导者。

对自己说正确的话，会对所做的每一件事充满热情。给自己策划一个自我推销广告，能让你每天都生活在热情中。

德芙巧克力是十分受年轻人欢迎的产品，但德芙巧克力依然每天会给顾客带来不同的惊喜。它不断通过各种广告推销自己，因为一旦停止宣传，顾客对德芙巧克力的热情就会降低，最终可能会彻底淡忘它，销量就会锐减。因此德芙巧克力公司才要不断推销自己。

世界上最值得投资的项目就是自己，最好的产品也是自己。

很多产品因为出色的推销火爆全球，为什么不能认真推销自己？因为你没有独一无二的广告词吗？

有很多精神萎靡的人，不再进行自我销售。他们对最重要的产品——自己，缺乏尊重。他们对自己和他人漠不关心，认为自己渺小、懦弱，是无名小卒。这让他们越来越可悲。

想要获得成功，我们需要不断向自己销售自己，让自己感受到自己的强大。

我每天都这样销售自己。

“彭浩遇到了‘彭浩’，一个非常重要的大人物。”

“彭浩，你是个乐观主义者，对所有事情保持乐观。不管遇到什么事情，你都敢想敢做。你有一流的能力，就要做一流的工作。”

“彭浩，你相信自己会快乐、进步和富足。你每天都说快乐的话、进步的话和富足的话。”

“彭浩，你有极大的动力，精力充沛。把那些动力用在工作上吧。没有任何事物能阻止你前进的步伐，什么也阻挡不了你！”

“彭浩，你热情高涨，一定要让别人感受到你的热情。”

“彭浩，你是超级演说家，一开口就光芒万丈，给人能量！”

“彭浩，你是顶级创造高手，总能推陈出新，引领行业发展！”

“彭浩，你看起来很棒，因此你感觉很好。继续保持吧！”

“彭浩，你懂得欣赏，能看见每个人身上的闪光点，激活他们的能量！”

“彭浩，昨天你很了不起，今天你将成就更加伟大的事业。”

“现在，彭浩，去奋斗吧！前进吧！”

我能有今天的成就，并且越来越有活力，原因就在于这个自我推销广告。在此之前，我总认为自己不如别人，不断对自己说错误的话语。之后我改变说话模式，意识到自己已经具备了成功的条件，正朝着成功迈进。未来，成功一定属于我。

找一张纸，把你的资本和优势写在上面，根据这些要点写出一段自我推销广告。找个隐蔽的地方，每天至少把广告词大声读一遍。

运用“笑、手、镜”技巧。就是对着镜子，面带微笑，加上手势，全身心朗读。语气要坚决、有说服力，要让自己心潮澎湃，热血沸腾。

日常空余时间可以经常默读。当你情绪低落时，也可以把它拿出来读一读，随时做自我激励。

可以把自己充满能量的照片存放在手机里，每次朗读之前或之后，可以看看这些照片，能让你瞬间进入到充满热情的状态中。

让自己充满热情

与人握手要热情。握手时，要向对方传达出这样的信息“很高兴认识你”“很高兴再次见到你”。如果你与人握手时畏畏缩缩、战战兢兢，不如不与人握手。

对人微笑要热情。要用眼睛对人微笑。没有人喜欢假惺惺、僵硬的微笑。微笑时露出几颗牙齿，会让人感觉你充满了热情。不要担心自己的牙齿长得不好看，这不重要。因为你微笑时，人们看到的是你的热情和个性，看到的是一个值得他们喜欢的人。

向人道谢要热情。如何将“谢谢你”说到别人心坎里，让对方认为你的道谢充满热情?

有人可能认为学会说“谢谢”无足轻重，但这个技巧是建立良好人际关系的艺术中，最具影响力的技巧之一。我强烈建议你，一定要在生活中随时随地注意这个关键要点。一有机会，就要认真表达对他人的感谢。

要将“谢谢你”说得深入人心，有三个关键要点：一是将感谢说清楚。把“谢谢”清楚地表达出来，能让对方感受到你在真诚地道谢，要怀着愉悦的心情向对方表达感谢。此外，如果向对方道谢时身边有其他人在，会大大增强感谢的效果。二是看着对方的眼睛表达感谢，可以有一些轻微的肢体接触。看着对方的眼睛说谢谢，可以让你更有诚意；用手轻轻碰触对方的手肘，更能让对方感受到你的热忱，加深他的记忆。三是使用对方的名字。把感谢个人化，“谢谢你，××”比单纯的“谢谢你”更有力量。

与人说话要热情。你的“早上好”真诚吗?你的“祝贺你”热情吗?你说“你好吗”时，你的表达听上去对别人感兴趣吗?当你习惯于真诚地讲每句话，你会更加引人注目。

让自己充满热情吧！不管是做事还是说话，要让人们认为“这个人真的热情如火，激情四射”。

减少批评他人

孟子曾说道："人之患，在好为人师。"

每个人都能从纠正别人的错误中获得乐趣，此乃人之常情。但是被人指出自己的错误，没有人会认为这是一件值得高兴的事情。大部分人都不愿被人指出自己的错误，当众批评他人，情况严重时可能会遭受被批评者的埋怨和记恨。

所以，怎样巧妙地指出他人的错误是一门艺术，是成为高情商人士必学的重要一课。

无须指出所有错误

英国王室为了招待来自印度的当地首领，在伦敦举行了一场晚宴，由温莎公爵主持。宴会即将结束时，侍者为每位客人端来了洗手盆。印度客人们看到精巧的银制器皿里盛放着亮晶晶的水，将它端起来一饮而尽。温莎公爵看到后神色自若，一边与众人谈笑风生，一边端起面前的洗手水，像客人那样"自然而得体"地一饮而尽。其他贵族见状纷纷效仿，原本可能的难堪与尴尬顷刻被释放。

温莎公爵面对印度客人无意间的小错误避而不谈，巧妙化解了可能出现的尴尬。既给予客人充分的尊重，也显示出了自己的睿智。

对于一些没有必要指出的小错误，我们不妨忽视它，以免得不偿失。

采用恰当的方式

保护对方的颜面比指出对方的错误更重要，但有些是必须指出来的。所以采用什么方法指出对方的错误，需要慎重选择。

当你发现对方犯了一个明显错误，为了帮助对方尽快改正，你好心地对他说："看，小张，你刚才说的有这样一个错误……"你以为他会感激你，但是结果却让你感到意外。他坚决不承认自己有错，更不会对你表达感激。

事实上，你无须责备对方，这种事情太常见了。别人指出自己的错误，尤其是直截了当地指出，一般人都无法接受，即使他明知道你在为他着想。

心理学家指出，这种情况的出现是自我认同感在起作用。自己相信的东西被怀疑或否定后，人们会产生一种焦虑情绪，认为自己的自尊心被伤害了，甚至感到安全没有了保障。即使明知对方是对的，人们也会本能地拒绝承认自己的错误。因此，当你想要说服一个人，就要让他明白自己的错误，不要直接指出来。

为他人留余地

杰克是美国一家大超市的经理，他每天都会到连锁店巡视一番。一天，他看见一名顾客站在柜台前，没有一位售货员注意到她。售货员们挤在柜台远处的另一端又说又笑。身为经理的杰克看到这一情况十分不满。他走到售货员们身旁大声喝道："我想知道是什么原因让你们这么忽视我的顾客！”众人听到他的呵斥，立刻起身去柜台工作。

一个叫琳娜的售货员说：“对不起经理，这些姐妹们是听说了一件非常高兴的事情才这样兴奋的。我丈夫上次购买的彩票中奖了，中了一万美元，我做梦都没想到会有这么多，我实在是太兴奋了，所以……”

“不，琳娜，我不希望你为了一万美元丢掉自知之明。一万美元连东城的洛克餐厅都进不去。你是发财梦做多了，还是穷日子过怕了？”

杰克经理的这番话让琳娜尴尬极了，其他售货员也愤愤不平。杰克经理瞬间失去了之前的良好形象。

正所谓：

善念心中存，光明镀金身。

神州九万里，处处遇贵人。

俗话说，打人不打脸，骂人不揭短。我们指出他人的错误，是为了帮助他人加以改正。但是，指出错误时要把握时机和场合，让对方接受才是目的，切勿让对方下不来台。

琳娜因为丈夫中了大奖，只顾与同事分享喜悦而忽略了顾客，耽误了本职工作，这是她的失职。杰克经理批评几句理所当然，但不能如此奚落她，甚至侮辱她。这让原本的一个小错误，造成了严重后果，杰克经理也失去了在员工心中的良好形象。

把批评转化为赞美

你批评他人时，别人会认为你的自尊心低落、不体贴或者缺乏自信。我们完全可以把批评转换为赞美。

母亲第一次参加儿子的家长会，老师说：“你儿子有多动症，在板凳上连三分钟都坐不住，你最好带他去医院看一看。”

回家的路上，孩子问妈妈：“老师跟你都说了些什么？”妈妈鼻子一酸差点流下泪来。因为全班三十名小朋友，只有他表现最差。然而，妈妈还是笑着对孩子说：“老师表扬你了。老师说宝宝原来坐在板凳上一分钟都坚持不了，现在可以坐三分钟了，其他妈妈都非常羡慕我，因为全班只有你进步了。”

那天晚上孩子破天荒吃了两碗米饭，而且还不用别人喂。

孩子上小学后，老师在家长会上对这位妈妈说：“全班五十名同学，你儿子排名第四十，我怀疑你儿子智商有问题，你最好带他去医院看一看。”

回家的路上，这位母亲流泪了。

然而，她回到家却对坐在桌前的儿子说：“老师对你充满信心。她说你并不是个笨孩子，只要你更细心一些，你一定会超过你的同桌。这次你同桌在班上排名第二十一。”说完这些话时，她发现儿子黯然的眼神重新明亮了，沮丧的脸舒展开来。她甚至发现，儿子好像突然间长大了许多。第二天上学他去得比之前都早。

儿子上初中后，又一次家长会上，这位妈妈坐在儿子的位置，等待老师叫她儿子的名字。因为之前的每次家长会，儿子的名字都会出现在差生名单中。然而这次却出乎她的意料，直到点名结束她都没有听到儿子的名字，她有些惊讶。临走时她特意去寻问老师，老师说：“你儿子的成绩考重点中学有点危险。”她怀着惊喜的心情走出学校，发现儿子在等她。

回家的路上，她搂着儿子的肩膀，感觉心里说不出的甜蜜，她告诉儿子：“班主任对你非常满意，她说只要你努力，很有希望考重点中学。”

儿子高中毕业时，第一批重点大学录取通知书下来了，老师打电话让儿子去学校。她心里有种预感：儿子会被清华大学录取。因为报考时她对儿子说过，相信儿子一定能考上那所大学。儿子从学校回来后，把一封清华大学的录取通知书放在妈妈的手里。这时孩子哭了，边哭边对妈妈说：“妈妈，我知道我不是一个聪明的孩子，谢谢你一直欣赏我。”

正所谓：

人际关系若想好，点头微笑要做到。

真诚倾听勤赞美，相信人生有福报。

批评是手段不是目的

批评是手段，而非目的。

批评一个人的目的是希望对方做得更好，批评本身没有意义。好的结果比证明对方错误更重要。因此，我们的焦点应该放在如何正确、有效地达成结果，而不应该在采用何种方式上与对方较劲。

例如一个人要去北京，可以选择开车、坐飞机或乘坐高铁等多种方式。如果无法买到高铁票，他还坚持要坐高铁，就会延误北京之行。这时他可以做出其他选择，保证自己顺利到达北京。

父亲非常爱自己的孩子，每天都会陪他出去玩耍。一天，一个多年未见的老朋友前来拜访他，父亲对四岁的儿子说：“宝贝，把新买的雨衣穿上再出去，一会儿要下雨。”结果儿子自顾自跑出去玩耍，没有穿雨衣。父亲摇摇头，继续朋友喝茶聊天。一会儿窗外大雨倾盆，儿子浑身湿漉漉的，哭着跑回了家。父亲见状呵斥道：“让你穿雨衣，你不穿，现在就知道哭。”

我们经常在生活中见到类似的场景。盛怒的父亲忽视了他让孩子穿雨衣的目的，是希望孩子能受到保护，是出于对孩子的爱护。

但是当需要爱和保护的孩子站在他面前，他却对孩子横加指责。正所谓：一叶障目，不见泰山。他被情绪遮住了双眼，忽视了自己的真正目的。

高手就是随时明确心中目标，并采取有效行动的人。

很多父母说：“我也知道要爱孩子，可是脾气上来了就是控制不住。”

真是这样的吗？

究竟是控制不住自己的脾气，还是想利用脾气控制他人？

女儿考试不及格，她的父亲非常生气，大声斥责她。这时电话响了，是公司领导打来的。父亲慌忙拿起电话，说话语气变得彬彬有礼。父亲和领导通完话，又开始训斥女儿。

脾气是一种可放可收的“手段”。

上文中这位父亲的脾气，既可以在接听电话的瞬间巧妙地收起，也可以在挂断电话后再次释放出来。可见这位父亲并不是无法控制自己的脾气，只是为了用高声震慑住女儿，进而让她听话。

事实上，这位父亲的真实目的并不是为了批评女儿，而是出于对女儿的爱，想让她明白学习的重要性。既然如此，为什么不直接表达自己的目的？

高手都直接表达自己想要的。

当你批评一个人时，并非想证明他懒惰，而是希望他勤奋；

当你批评一个人时，并非想证明他不负责任，而是希望他懂得承担；

当你批评一个人时，并非想证明他马虎，而是希望他认真做好每件事；

当你批评一个人时，并非想证明他高傲，而是希望他做到平易近人；

当你批评一个人时，并非想证明他胆小，而是希望他能勇敢。

既然如此，不如尝试直接表达你的真实目的。

对吃完饭后立刻玩手机的孩子，不要说“你怎么这么懒”，而要说“如果你能把自己的碗洗干净，妈妈会很开心”。

对企划书做得不尽如人意的下属，不要说“能不能用点心”，而要说“最近你为这份企划书做了很多努力，辛苦啦！为了方便大家查阅和讨论，请把企划书装订整齐”。

对因恐惧而不敢接受挑战的伙伴，不要说“你胆子也太小了吧”，而要说“你一向都是一个谨慎的人，这次若能勇敢挑战自我，就能真正做到胆大心细，这样还有什么事情是你做不到的”。

如果你无法说出正面的话，要做到三缄其口，不要试图用把别人踩在脚下的方式抬高自己。

转化说话的公式

当你看到他人做得不到位，可以尝试用“认同——重新定义——引导”这一说话公式与他进行沟通。

每个人都渴望被他人认同，你在沟通中认同对方，会创造一种良好的沟通氛围。反之，一个人如果在与人沟通中认为自己不被认同，会激发他的逆反心理，无法接受对方的话语。

相信通过前文的讲解，读者朋友们会发现，大多数负面行为的背后都有一个正面的动机。动机没有错，只是行为没有取得应有的效果。

与人沟通的第一步，就是认同对方做这件事是出于“善”的动机。

一位非常自卑的学员，和一位导师进行了短短几分钟的对话后，重新充满了活力，这常常让人觉得非常神奇。这位导师是如何做到的?

导师：“在自卑的背后，您想要的是什么？”

（此时此刻，学员已经建立起了对导师的基本信任。导师的这一问题把他带入正向探索的方向上，用于挖掘本次对话的真实需求。）

学员：“应该是尊重、认同，是自己有生存的价值。”

导师：“是什么让您认为自己没有获得尊重和认同？”

（开启觉察：使用客户的词汇，引发学员的思考。）

学员：“H和Y是我最好的朋友，我打心里敬佩她们，由衷地为她们的成就感到高兴。但是我作为她们的同学，感觉自己非常失败，活得没有价值。”

导师：“现在做些什么具体的小改变，能让您认为自己获得了尊重和认同？”

（干净的发问，聚焦于客户正向、积极的目标，不与客户在负向探索中“纠缠”。）

学员：“现在我能做的，就是尊重自己、接受自己和爱自己。”

导师："您将如何做到这一点？"

（以结果为导向进行引导。）

学员："不再和别人比较，安下心来修行，不过多要求自己。"

导师："如果可以选择1～2件每天或每周都能做的事或功课，用以提升自己，你会选择做什么？"

（激发行动：让客户的行动量化、可视化，从而提高发生改变的可能性。）

学员："我目前已经开始每天早晚静坐，每周三学习素描，计划从本周日起每天给自己写一篇赞美日记。"

导师："您承诺这样的计划可以持续多久？"

（让客户为自己的改变做出"承诺"，改变才可能真正发生。）

学员："静坐和赞美日记会一直坚持下去，素描预计学习2年。"

导师："如果坚持写赞美日记天数达到100天甚至更长，会有什么不同？"

（创造体验：正向激励客户，帮助客户预见改变后的积极画面。）

学员："我会更懂自己、体谅自己和爱自己，会对自己更有信心，在未来的退休生活中有目标，并按照目标积极行动。"

导师："周围人会有什么不同？"

（继续延展正向价值。）

学员："我一旦开始专注自己的成长，就不会在意周围人的评价，就能感受到人们的善良。短短几天的课程，您带给我最大的感受是您的大爱。"

导师："上面的对话中，您感受到自己有什么成长或改变？"

（整合价值：让客户自我整合，回收谈话中有价值的部分，帮助客户看见自己的成长和改变。）

学员："我感觉自己关注的焦点和角度发生了变化，不再关注外在和负面的事物，更关注内在和正面的感受，并专注于自己的目标。

您的帮助，让我的行动更有力量。非常感谢您，虽然没能早点认识您让我感到十分遗憾，不过现在看来，一切都是最好的安排。”

导师：“我十分欣赏您的开放与精进，愿您能见自己、见天地、见众生。”

（表扬客户，让她感到自己被尊重、被倾听和被看见。）

学员：“因为见了您，才明白了‘三见’是什么，十分感谢您。”

这位导师在这段对话里做了很好的“重新定义”，把对方的焦点从负面情绪转移到正向动机上来。具体的沟通流程会在营销五步沟通法一章中做详细介绍。

在生活中我们也可以运用这一说话公式与他人进行沟通。

例如在生活中有朋友向你抱怨生活太无聊，你可以这样与他沟通。

朋友：“好无聊啊！”

你：“怎么会有如此感慨？”（了解真实动机，而非一开始就给出建议。）

朋友：“我的工作很机械，我没有激情，也不想上班。”

你：“听起来你很苦恼？”（感知对方情绪并认同他。）

朋友：“是啊，我感觉很烦。”

你：“你如此烦恼，是因为你希望做一些改变，想让自己每天都充满活力和朝气，是这样吗？”（重新定义，并向对方确认他的需求。）

朋友：“是的，我特别渴望能做出改变，可是……”

你：“我能理解，有时候改变确实很难。我很好奇，你为什么想让自己变得充满活力和朝气？”（继续认同并引导对方。）

朋友：“因为我渴望得到朋友们的尊重，希望自己能够独立，买喜欢的东西，让家人放心。”（聚焦正向动机。）

你：“太棒了，我相信你说的这些都能实现，接下来做些什么具体的小小的改变，会让你觉得有活力和朝气呢？（引导对方制定行动计划。）

又如一名员工在招商会场违规使用手机，你可以将批评进行这样的转化。

你：“在刚才的招商会中，我看到你操作了半小时手机，是有什么重要的事情吗？”（认同对方的行为，了解对方真实的动机，而不是直接进行批评。）

员工：“这次老师的讲解没有上次的好，我感觉很无聊。”（对方的真实动机是渴望现场氛围更好，渴望招商会取得成功。）

你：“也就是说，你感到无聊是因为对这次的招商会有些失望，你渴望现场氛围更高涨，能够成交更多客户，是这样吗？”（重新定义，把关注的焦点转移到目标上。）

员工：“是的，我特别渴望现场氛围能好起来，以便更好地成交。”

你：“太棒了，我能理解你的心情。我很好奇，你为什么渴望现场氛围好起来，成交等多客户呢？”

员工：“因为氛围好，客户的情绪就会更高涨，能达成更多的成交。这样我就可以有更多的收入。”

你：“太棒了，也就是说——”（此为过渡语。）

员工:“也就是说我可以给父母寄更多的钱，让他们为我感到骄傲。”

你：“具体指的是？”（此为过渡语。）

员工：“因为他们常常担心我无法在大城市立足，会吃很多苦。我想消除他们的担心，让他们知道我能挣钱照顾好自己，甚至可以照顾好他们。”

你点头并说：“我相信你一定可以实现你的愿望，因为你已经在行动了。接下来你计划做些什么小改变，让现场的氛围更热烈呢？”（点头表示鼓励和赞美，引导员工说出他的行动计划。）

运用这一公式，可以了解员工的想法，将员工的心态调整到如何更好地工作上，同时还能让他认识到自己的错误，将员工的负面情绪转化为正面动机，一举多得。

超实用批评技巧

如果你无法控制自己，一定要批评对方，可以运用下面的六个技巧，减少给他人带来的痛苦。

“三明治技巧”

“三明治技巧”就是给予对方肯定——指出问题并提出建设性意见——给予鼓励。

单吃洋葱味道很苦，但如果把洋葱和其他蔬菜放在一起做成沙拉，会非常美味。为了软化批评的打击力度，可以先肯定对方，然后再指出问题并提出建设性意见，同时给予对方鼓励。

例如，你可以说：“你学得很快，操作得也很好。如果能提高操作的熟练度和效率会更好。你的进步很大，要保持，相信不久你就能达到专家级别了。”

对事不对人

没有一无是处的人，只有毫无建设性的行为。

批评一个人时，要让他知道你喜欢他这个人，只是不满意他做的某件事。

“涂肥皂水”

二十世纪二十年代，美国总统约翰·柯立芝发现，他的女秘书长得非常漂亮，但是工作经常出错。

一天早晨，这位女秘书穿着漂亮的衣服走进办公室，柯立芝对她说：“今天你穿的衣服真漂亮，特别适合你这样年轻漂亮的小姐。”女秘书听了喜形于色。

他接着说：“我相信你处理的公文也能和你一样漂亮。”从那天起，女秘书处理的公文很少出错。

一位朋友知道了这件事，好奇地问柯立芝：“这个方法很妙，你是怎么想出来的？”柯立芝回答道：“这很简单，你看过理发师给人刮胡子吗？在刮胡子前，他会先给客人的脸上涂一层肥皂水，因为这样客人就不会感到疼痛。”

需要注意的是，“涂肥皂水”并不是让你忍气吞声，回避矛盾和冲突，而是为了提升批评的效果。对领导者来说，恰当的沟通方式，既不是不顾他人感受的“攻击”，也不是逆来顺受的“隐忍”，而要追求沟通效果的“坦诚”。坦诚的沟通方式是柔中带刚的，既要保持平静的情绪，又要明确表达和坚持自己的观点。

承认自己也犯过同样的错误并提出解决办法

你在批评对方时，可以先聊聊自己过去曾经犯过的类似错误，这样能让对方更容易接受你的批评。这样做的效果类似于牙医在治疗前使用麻药，可以减少患者的痛苦。

告诉对方，你和其他人都曾经遇到过类似的挑战，并告诉他你战胜这些挑战的过程。

你可以这样说：“我曾经和你一样，真诚地拜访客户却遭到对方的嘲讽，他们把我无情地轰了出来。我因此一蹶不振，怀疑自己能否做好这份工作。后来我问自己，面子重要还是成长重要？我告诉自己，成长比面子更重要，出丑就意味着会成长。于是我放下面子，开始做大量的陌生拜访。我不再害怕和陌生人交流，成为公司开发新客户最快的人。你要做的就是放下顾虑和面子，每天至少与20位陌生客户进行交流。一个月之后，你会越来越自信，客户也会越来越多。”

批评只说一次，而且要私下谈

绝对不要在他人面前训斥一个人。关起门来，平静地对他说出你的不满和解决之道，并且要一次性说清楚。不要追问对方同一件事。

很多父母喜欢当众批评孩子，并且会揪着一点不放。这样做会极大打击孩子的自信心，让他产生逆反心理，往往会适得其反。

以友善的声调收场

在指出问题并提出建议后，要感谢对方的合作，同时表达出你希望与他一起解决这个问题的期望，并用你们共同讨论的新方法解决这一问题。

今天功课

· 写 10 句关于自己的广告词，重新认识自己。

08

与陌生人对话

话题选择

想要在事业上取得更好的成就，需要认识更多的人。在你与对方接触的最初 4 分钟内，对方对你 90% 的想法大致都已成形。

与陌生人开展有效对话是事业成功的关键。

每个人最关注的是自己，人类对“感觉自己很重要”的需求高于对生存安全的需求，甚至超过了对爱的需求。

人类从未间断的、最强大的内在渴望，就是“感觉自己很重要”；这也是人类异于动物的一大特征。它是让你想穿名牌、开豪车、坐拥豪宅和炫耀子女成就的动力。因此与对方初次聊天时，要多谈论对方，帮助对话顺利进行。

聊当下的情况

最简单也最容易开展对话的方法，就是从双方共同面临的情景开始聊起。仔细观察周围环境，以开放式问题的方式提出你注意到的细节，能起到非常棒的效果。

例如，身处超市，我们可以说：“我看到你买了西兰花，我一直搞不懂怎么用西兰花做菜，你是怎么做的？”

身处会议现场，我们可以说：“真巧，你怎么也来参加这场会议？”

身处排队的餐厅，我们可以说：“你觉得这家餐厅很受欢迎？”

身处书店，我们可以说：“你觉得这个作者想要表达些什么？”

聊与对方相关的事情

人们都喜欢谈论自己，愿意回答你提出的关于他自己的问题。多观察和欣赏他们，就能轻松找到很多话题。

例如，身处晚会，我们可以说：“你西装上的徽章看起来很有意思，它有什么含义？”

身处会议，我们可以说：“我注意到你在认真做笔记，你觉得用什么方法可以更好地掌握老师讲解的内容？”

身处游泳馆，我们可以说：“你游泳的动作非常专业，你刚开始学习游泳是怎样的情形？”

开放式提问

开启谈话不是目的，目的是让交谈愉快地进行下去，让对方愿意与你结交。

上文的开场问候都是开放式的，可以让对方自然地进行回答。千万不要用一个词可以回答的封闭式问题开始一场对话，因为回答后这个对话就终结了，必须重新寻找话题。

例如，聊天终结者问“你喜欢蹦极吗”，聊天达人问“如果你有一天去蹦极，会是什么原因”。

聊天终结者问“你喜欢恐怖电影吗”，聊天达人问“你喜欢哪种类型的电影”。

聊天终结者问“你想念家人吗”，聊天达人问“离开家这么久，你感觉怎样”。

聊天终结者问“你常去海边度假吗”，聊天达人问“你喜欢去哪些地方度假”。

另外，不要问太空泛或太深奥的问题。这样的问题会带给对方压力，容易产生尴尬。

拓展技巧

对方回答完你的问题后，你要主动扩展你们之间的对话，才能让对话继续进行下去，才能深入了解对方。

关注对方的要点

对方开口回答后，要抓住对方说话的要点进行扩展。

例如你在健身房里看到一位香汗淋漓的女士，搭讪道：“我天天来这儿，今天好像是第一次见到你。”

她回答道：“上个月我刚从北京搬到上海，这儿空气很好。”

如果接下来你说：“这个时间段能抢到一台跑步机，真不容易。”她可能会点点头结束对话，你就错过了深入交流的机会。

这句话似乎是在扩展对话，但不是合格的扩展。因为你没有围绕对方的回答进行扩展，不是一个合格的倾听者。

其实，她的回答蕴含了很多信息：她是一个重生活品质的人；北京的空气无法让人满意；她精心比较和选择后来到上海；她不会固守于一个城市。

你可以这样扩展谈话：“搬到新地方，你还习惯吗？”“你还在哪里居住过，在哪个城市住得最久？”“有没有去过外滩？

那儿空气不错。”“我在上海住了8年，有什么特别想了解的？我能帮忙。”

扩展的关键基于真正的倾听。你如果能在谈话中加入对方的回答，对方会立刻认为自己受到了关注。

切记不要在提问后接着讲自己的话题。这样做，谈话的焦点在自己，反而忽视了对方，容易导致初次沟通的失败。

忽视对方要点等于沟通失败。

丰富自己的答案

如果对方在与你交流的过程中向你提问，你的回答要尽量丰富，在简短回答的基础上稍做延展，让对方可以轻松接话。

例如，有朋友问我：“听说你出了一本书？”

我如果只回答“是的”容易终结对话，逼对方重新寻找话题。但是对于刚刚认识的陌生人来讲，他不一定有足够的热情去寻找新的话题。

因此我会这样回答：“是的，这本书结合了我近十年的教育培训经验，针对如何成为说话高手这一问题，给出了非常详细的阐述。”

这是典型的一问一答一延伸，我在这一回答中抛出很多信息，可让对方轻松接下话题，进行更深层次的沟通。

用这样的方式回答，再结合前文第二章第二节给予回应中讲到的过渡语技巧，可以让对话绵延不绝。同时可以在对话中运用赞美技巧，让对方快速建立信任。

寻求你们的共鸣

我们可能听过这样一句话：“人们都喜欢与和自己类似的人交往”。人们容易与在文化、教育、身高或头发颜色等方面和自己相似的人产生共鸣。但是如何与一个和自己截然不同的人产生共鸣?

我们可以在一些比较微小的层面上模仿对方，打造相似感。例如你可以通过改变自己的行为和谈吐与对方产生共鸣。

镜像模仿

如果两个人心理“同步”，会采用相同的手势和姿势来达到生理“同步”。这种行为的目的是在两者之间建立融洽的关系，避免分歧。这种行为以非语言的方式向对方表明：“我和你是一样的，我同意你的观点和态度。”

这种“同步”现象早在子宫里就开始了。在母亲的子宫里，胎儿的肌体功能和心跳同母亲保持一致。因此，镜像模仿是人类的一种天生倾向。

我们往往会下意识地模仿与自己关系融洽的人。这也解释了为什么共同生活多年的夫妻会越长越像，他们或许还会买一只与他们长相相似的宠物。

模仿他人的身体语言和说话方式，是迅速建立融洽关系的有效方法。遇到新朋友时，你可以模仿他们的坐姿、站姿、身体倾斜度、手势、表情和语气等，他们很快就会从你身上感受到他们喜欢的东西。因为他们在你身上看见了自己的影子，会认为你“容易相处”。

例如我们可以这样进行模仿：在交谈中如果对方翘起右腿，你可以翘起自己的左腿，形成对方的镜像。如果对方靠向椅子右侧，你可以靠向对方椅子左侧，再次形成对方的镜像。

需要注意的是，我们要正确应用镜像模仿。与他人初次见面，不要过早模仿对方，可以等几分钟再进行镜像模仿；也不要在对方做出一个动作后立刻使用镜像模仿，要等对方完成某个动作3～5秒后，再慢慢形成镜像，否则对方会认为你在捉弄他。

慢慢来，不易让对方察觉你的行为，从而让你在不知不觉中达到想要的效果。

有些读者可能不太喜欢镜像模仿，感觉不舒服。但是在说服对方的过程中，你舒不舒服不重要，关键是你能否让对方舒服。如果你不愿意让对方舒服，就是在传达一个信息：就这样吧，我只能做到这些了；我不愿意为了你委屈我自己。

试问，你愿意跟一个不关心自己感受的人在一起吗?

仔细留意自己身边正在进行深入交谈的人。观察他们如何运用自己的身体姿势和动作进行交谈。如果一个人向前靠，不久另一个人也会往前靠。人们处于共鸣状态时，会不自觉地适应对方的身体语言。例如两个边走边说的人，慢慢会步调一致，这就是典型的无意识共鸣。

共鸣可以帮助你跨出自己的思维定式。很多人在社交场合会感到焦虑，是因为他们不确定自己要说什么或者做什么。他们只关注自己内心的交流，没有意识到周围人的行为。他们的大脑充斥着各种不必要的焦虑：我该怎么说才能听起来不那么愚蠢？她会不会不喜欢我？

学会与对方产生共鸣后，你便会更用心地观察对方，体会对方的感受。每个人都希望与自己的谈话对象产生共鸣。一旦感觉对方能体会到自己的感受，就会想要增加与你相处的时间，更容易接受你的建议。

声音共鸣

我们还可以通过声音与对方产生共鸣，即通过语速、声调和音量等声音要素与对方形成共鸣。

1．语速配对。注意观察对方的语速，慢慢调整自己的语速与之配对。例如北方人一般语速较快，南方人一般语速较慢。分别与南北方的人讲话时，可以根据对方的语速来调整自己的语速。

2．声调配对。大多数人说话的声音会随着内容的变化而高低起伏。在与人交谈时，我们可以根据对方的声调进行配对，从而形成共鸣。

3．音量配对。观察对方讲话的音量并与之配对。对方提高音量时，你也可以提高自己的音量；对方降低音量时，你也可以降低自己的音量。这样做的目的是让对方感觉更舒服。

想要熟练掌握这些技巧，读者朋友们可以在日常生活中找一些谈话对象勤加练习。不要怕犯错，没有人一开始就能做得很完美。或许你会很高兴地发现，根本没有人能意识到你是在刻意与他们寻求共鸣。

今日功课

· 寻找两个陌生人进行对话，学会运用本章的对话方法。

09

强化正向动机的语言模式

引导语法

不同的语法模式，会带来不同的成交结果。

通过几个语法，可以帮助你在与人沟通中进行价值组合，实现成交。

语法 1：“你发现了吗？”

使用这一短语，我们可以提出一个带有导向性的问题。

例如使用这一语法说服他人学习你的说话技巧。

“你发现了吗，一想到能把这些技巧运用在日常生活和工作中，是不是就会有一种莫名的兴奋感？”

“你发现了吗，一旦掌握了这些技巧，你就会更具影响力，拥有更大的成就感，甚至会感觉兴奋不已，不是吗？”

要注意的是，问题不是“你发现了吗，你很想做这个”，也不是“你想多了解一些吗”，而是“你觉得……很兴奋吗”。

真正打动人的是情感，而非理智。

所以，你为对方描述的应该是一种情绪化的图景，必须能够打动他们的内心。

“你发现了吗？”这个问题有一种魔力。它能吸引对方的好奇心。同时，如果你描述的情景恰好是他在意的或者是他之前提到过的，他会感觉非常亲切，因为这些和他息息相关。

例如使用这一语法说服他人开始养生。

“你发现了吗，如今有很多人都开始关注自己的健康状况。”

“你发现了吗，一旦爱上养生，你的健康状况便会得到很大的改善，不是吗？”

这个对话模式能够在不经意间引导对方的思绪，引导你们之间的谈话方向。同时，也能让对方越来越兴奋，将对方的注意力引向你想要的结果。

还可以使用这一语法说服他人创业。

“你发现了吗，越来越多的人开始开展移动互联网创业。”

“你发现了吗，一旦你拥有自己的事业和团队，你的影响力和能量会成倍上升，不是吗？”

语法 2：“是这样吗？”

你可以在问题中插入自己想要的结果，通过这种提问，你可以掌握谈话方向，并且让对方下意识地认同你。

例如使用这一语法说服他人学习你的说话技巧。

“学习并运用这些对话模式真的很有意思，你甚至想马上试试效果，是这样吗？”

“你越是钻研这些技巧，就越是能意识到它们的威力，就会更加迫不及待地想要掌握它们，是这样吗？”

“传统的销售培训已经无法帮助你更进一步，所以你非常希望学习更好的说服技巧，帮助自己得到更大的提升，是这样吗？”

例如使用这一语法推销养生产品。

“养生是保持身体健康最有效的方式之一，是这样吗？”

“把时间花在养生上是一笔不错的投资，只要你投入了，就能让自己保持健康，是这样吗？”

例如使用这一语法说服他人创业。

“越来越多的人想通过移动互联网创业实现自己的价值，是这样吗？”

“你身边做传统生意的人是不是在抱怨生意越来越难做，即便他们都是纵横商场多年的老手？你是不是听说有人通过做微商，在短短一两年的时间内，已经实现财务自由，并且出人头地，即便他只是初出茅庐的菜鸟。是这样吗？”

通过询问对方，既体现了你对他的尊重，又能让对方更好地融入谈话。记住，要想说服一个人采取行动，就要在情感上打动对方。

一个好的成交高手，就要懂得如何把陈述句变为疑问句。这样做能让对方更好地参与到谈话中，并且在大脑中勾画出成功的场景，以便更快地做出决定。

以下是更多互动技巧

同意吗 / 同意还是不同意?

“老板最大的悲哀就是权威的丧失，你同意吗 / 同意还是不同意？”

“在这个时代,不是谁有能力谁就能成功,而是谁能抓住趋势,顺势而为谁才能成功，同意吗 / 同意还是不同意？”

“人生不是因为努力就能成功，而是要看懂趋势，把握住一次机会就够了，同意吗？”

愿意吗 / 愿意还是不愿意?

“如果现在有一个机会能够让你变得自信和美丽，结交到一群富有正能量的朋友，你愿意了解吗？”

值不值?

“只需要投资 2 万元，就能让你拥有美丽和健康，你觉得值不值？”

前提假设

通过三个假设，可以帮助我们强化正向动机，实现成交。

假设 1：“设想一下，当你……”

催眠师告诉我们，一旦对方接受了你的假设，说明你快大功告成了。如果对方愿意按照你的建议去做假设，会更容易相信你说的是真的，因为对方刚刚假设完你说的是真的。

做假设时，不仅要让对方假设已经完成了某件事情，而且要让他体会到随之而来的心理感受。因为人都是感性动物，容易受到情绪和感受的影响。

“设想一下，当你掌握了激活他人正向动机的说话技巧，你可以在任何社交场合都做到淡定从容。因为你能完全掌控谈话，这感觉实在是棒极了，不是吗？”

“设想一下，当你通过自己的努力取得成功，住进心仪已久的房子，你会如何感谢今天做出决定的自己？”

“设想一下，当你回家走在崭新的柏油马路上，不用担心泥土会弄脏鞋子，而是尽情享受这种便捷和自由，会不会感觉非常兴奋？”

假设 2：“有没有可能……”

“你用了这款产品，有没有可能让你的皮肤变得越来越紧致水嫩、光彩照人？”

“当你加入一个充满正能量的团队，有没有可能让你每天都充满激情，并且拥有更大的能量去实现自己的目标，为你的孩子提供更好的生活？”

假设 3：“假如 / 如果……”

“我知道你现在不能让价，假如能让价的话，你会让多少？”

“我知道你现在没有做好创业的准备，假如有一天你想创业了，可能是出于什么原因？”

前提假设是催眠语言的核心之一。你首先要学会提出假设，认定事实，其次再设计语言。

如果你希望客户购买产品，就要先认定客户已经购买了。例如你可以这样问：“你打算将这套茶具摆在公司的什么地方？”“这款茶叶要一起打包带走吗？”

如果你希望老公帮你按摩，你要先假设老公一定会帮你按摩。你应该说：“老公，你是现在帮我按摩还是冲完凉再帮我按摩，还是等下帮我按摩？”

如果对方的焦点不在你想要的结果上，你可以给他重新换个假设，让他思考和描绘一幅充满情感的画面。

如果客户不想立即购买，你可以这样说：“我知道你此刻没有做好拥有它的准备，但我很好奇，如果将来有一天你突然想拥有它了，会是出于什么原因？”

如果你的朋友现在不想健身，你可以这样说：“我知道你此刻没有做好健身的准备，但我很好奇，如果将来有一天你突然想健身了，可能出于什么原因？”

如果员工不想参加会议，你可以这样说：“我知道你此刻没有做好参加会议的准备，但我很好奇，如果将来有一天你突然想参加会议了，将是出于什么原因？”

这是一个万能的转化前提假设的语法，能让对方的焦点聚焦于这件事的正向动机。

互惠技巧

通过两个技巧，可以帮助我们实现有效沟通。

技巧 1：“我知道……如果……”

该技巧包括四个方面：认可对方的反对意见；说出你想让对方做的事情；给出你的理由；做出小的让步，以便让对方接受你的建议。

需要注意的是，让步非常关键，这会让你在说服他人时事倍功半。因为它涉及一个非常有效的说服技巧——互惠。

例如使用这一技巧说服他人学习你的说服技巧。

“我知道，你可能觉得我们让你学的东西太多了。但换个角度想，你每天只要抽出 15 分钟就可以掌握这些有效的技巧提高自己的说服力，通过话语就能掌控你的谈话对象，这难道不是很好吗？如果你有决心，我可以免费给你提供一次电话咨询。”

例如使用这一技巧说服员工响应公司的计划。

“我知道，你可能觉得这次的促销活动需要准备的事情太多了。但换个角度想，充足的准备能够提高成交率，你每天只要抽出 30 分钟配合公司做宣传就能增加团队的业绩，提高你对团队的影响力，还能吸引新人的关注，这难道不是很好吗？如果你能下定决心，我可以给你做一次团队动员激励。”

例如使用这一技巧推销养生套餐。

“我知道你可能感觉费用有点高，你现在想省钱。但是如果你想减肥并且让自己的身体更健康，就要马上开始养生，对吗？如果你现在就做决定，我可以给你额外增加一个月的食疗套餐。”

使用这一技巧时，你不需要和对方讲道理。你只需要说“我知道你想省钱。但既然今天天气这么好，为什么不立刻报名”。或者说“既然今天是星期二”“既然你现在感觉这么棒”等话语。

其实跟对方讲道理这件事并没错，你希望对方接受新的行为、新的改变时，找个有价值的理由很有必要，但这不是必要条件。

能量法则：学会技巧语法，你才知道，它会给你带来多大的价值。

技巧 2：“没错……同时……如果……”

与人谈话时，千万不要和对方抬杠。你要承认对方的担心是有道理的，同时强调你所提建议的价值。

该语法包括四个方面：

你同意对方所说的有道理；指出自己所给建议的积极因素；借助对方的情感；提出新的建议或跟进措施。

运用这一技巧时，一定要真正了解自己的产品，同时要认真倾听对方的想法。

例如使用这一技巧说服他人学习你的说服技巧。

“没错，你知道学习这些话语模式要花费不少时间和精力，同时你也知道投入这些时间和精力会让你长期受益；如果你真的想让自己更有影响力，拥有更多力量，就应该拿出更多的时间和精力进行学习。”

运用这一技巧时，首先，要认同对方的担心，没有人会驳斥一个同意自己观点的人；其次，你需要向对方指出你所提建议的好处，让对方无法反对；最后，告诉对方如果真的认同你的说法，就必须接受你的建议。记住，你说的每个字都必须是真的，只有这样才能让对方接受你最后的建议。

例如使用这一技巧推销养生套餐。

“没错，它的价格是固定的，同时我们能给你想要的东西；如果你真的想要让自己变得更健康、更有活力，这是最好的选择。”

今日练习

· 写下你的谈话目的，用“你发现了吗……”写出四个句子。

· 思考如何用“设想一下，当你……”这一语法，为你的说服对象描绘一幅充满感情的画面。

· 列出对方可能提出的反对意见以及可能促使他接受你建议的因素。完成之后，使用上文的语法设计说服对方。

10

营销五步沟通法

建立信任

你开始讲解你的商业机会或者介绍产品时，你的目标客户会相信吗？他们会认为你在想方设法说服他们，让他们买你的产品。但是这并不意味着你说的话不真实或者不好，而是因为它们仅代表你的观点，无法代表客户，因此目标客户完全有理由表示反对。

同时，目标客户说的话也是真实的。因为这些话代表他们的观点，无法代表你。所以，你需要用目标客户的原话说服他们，因为他们无法反对自己的观点。

没有不感兴趣的目标客户，只有让人不感兴趣的讲解内容。

在没有建立信任之前，不要给客户任何建议。

一个人无法信任他人，就是将所有的人排除在外，即使有人想帮他也无从下手。同样，他人无法相信你，即使你想帮助他，但是他已将你排除在外，你也束手无策。这时你要做的就是重新建立信任关系。

你信任谁，谁就能帮你；谁信任你，你就能帮谁。

形象准备

第一印象的重要性

相信大家都听过一句话：不要以貌取人。这句话的意思是让我们懂得尊重他人，而不是代表形象不重要。形象对一个人至关重要。

心理学家发现，对他人形成第一印象只需要4分钟，有些专家甚至认为真正形成对他人的第一印象只需要6秒钟。当然，几秒钟只能形成对他人简单的“喜欢或者厌恶”等大致印象，要形成清晰、完整的第一印象需要大约4分钟时间。如果你能在这4分钟内展现出自己的魅力，就能快速建立信任，更易进行后续沟通。

在一项针对审判的研究中，研究人员在审判前给74名男性被告的形象打分，分析形象得分与审判结果之间的关系。结果发现形象好的被告判决明显较轻。事实上，形象更具有吸引力的被告不会坐牢的可能性是形象不具有吸引力的被告的两倍。

因此，良好的形象在与人沟通中显得尤为重要。如果给他人留下好的第一印象，往往预示着沟通成功了一半，反之亦然。

美国的一位总统礼仪顾问威廉·索尔比曾经说过：“当你出现在他人面前时，即使别人不认识你，但是从你的服饰外表就可以看出你的经济状况、受教育程度、可信任程度、社会地位以及家庭经济状况等。”

我们要做到从事什么职业，服饰外表就要像什么职业的从业者。如果一个医生给病人看病不穿白大褂，病人可能会有所疑问，甚至会吓跑病人；如果你需要招募他人与你合作，那么你的穿着打扮要能给他人带来信任感。

俗话说，佛靠金装，人靠衣装。得体的穿着能让你充满能量。

人们总会把小钱施舍给穷人，把大钱给到那些更有钱的人。

一个人看起来越成功，越有钱，就会有越多的人想要跟他们合作。在我服务的一家公司，它的营销策略就是带客户去公司参观。公司的整个生产基地和办公大楼会给人一种震撼的感觉，在参观结束后，客户就会产生这样的想法："这么大的办公楼，这么先进的生产厂房，说明这家公司实力雄厚，跟它合作，肯定放心。"所以，每次参观结束都会有上千人愿意与这家公司进行合作。

贵气是打造出来的

当今社会，每个人都想通过投资赚取更大的回报。但是在这个世界上，有个项目最值得投资而且稳赚不赔，那就是自己。

投资你的外在形象，会让人主动靠近你和了解你；投资你的内在智慧，会让人喜欢你和认同你，甚至离不开你。

如果只注重外在形象的提升，会让人在主动靠近你后难以和你深入交流，因为你的智慧不够。如果只注重内在智慧的提升忽视外在形象，会出现怀才不遇的尴尬，因为别人不想主动靠近你，不给你展示智慧的机会。

一位女士穿着 200 元一套的衣服，她会采用舒服的坐姿，即使衣服上溅到水渍也觉得无所谓。

但是当她穿着 20000 元一套的衣服，她就会注意坐姿，以免衣服变形变皱。拿起水杯喝水时她会小心细致，做到慢、缓、稳，举手投足之间充满优雅。一旦发现衣服脏了会立即清理，绝不允许自己穿着的名贵衣服变脏变皱。

时间一长，这位女士就会养成习惯，无论身处何种场合都端庄大气，炼成了高贵的气质。所以，为改变形象所做的投资变成另一种形式伴随着你。

曾经，我和朋友们做过一个非常有意义的活动。为了给当地的孤寡老人送爱心，我们拿着募捐箱筹集善款。一开始，我们抱着空空的募捐箱走了一个多小时，没有人给我们捐钱。即使有捐款，也以 1 元和 5 角居多，面额最大的也只有 5 元。

我印象最深的一幕，是一位男士从钱包里掏出一张 100 元现金，正准备捐款时，发现募捐箱里居然全是零钱。于是，他把这张 100 元现金放回钱包，对我说："不好意思，没有零钱！"那一刻我突然明白，是我们对自己的定位，决定了对方对我们的态度。

于是我做了一个大胆的决定。我把箱子里面所有的零钱都取出来，召集大家一起去银行，每人取 2000 元现金放进募捐箱。我们抱着放满百元大钞的募捐箱去募捐时，再也没有人捐 5 角和 1 元了，最低的捐款都是 50 元。一位女士拿出 20 元现金准备往里放时，发现里面全是 100 元和 50 元的现金，也从包里抽出一张 50 元现金放了进去。

世界上最值得投资的人就是自己。你对自己投资多少，决定了他人会对你投资多少。想要获得更多人的投资，就要投资自己。

得寸进尺

人与人之间要建立信任关系，最高效的方法是肢体接触。

例如我们谈恋爱时，最难的一步是牵手，只要牵手成功，后面的进展就会很顺利。一开始男孩离女孩很远，聊天中男孩开始慢慢向女孩靠近，如果感觉女孩没有抗拒，男孩会再靠近一点。

人与人之间需要保持一定的距离，任何人都需要有自己的空间。这个空间像一个无形的“气泡”，为自己“割据”了一个“领域”。而如果这个空间被人触犯了，我们就会感到不舒服、不安全，甚至会恼怒起来。

一位心理学家做了这样一个实验：在一间刚开门的大阅览室里，只有一位读者时，这位心理学家故意坐在这个人旁边。整个试验重复进行了 80 次，结果证明，在只有两位读者的空旷的阅览室里，没有一个被试者能忍受一个陌生人紧挨着自己坐下。

所以，当男孩进入女孩的“安全空间”后，女孩接受了这一事实，就说明她已经开始慢慢建立信任。这时男孩会试探性地做出肢体接触。一个人愿意和你有肢体接触，说明对方已经从心理上开始接受和信任你了。

这就是“得寸进尺”的过程。

人在做任何决定时都是感性的，肢体接触能最直接地触发人的感性思想。

假设你的朋友生病去看医生，第一个医生看了一眼就直接开药方，让你朋友去拿药；第二个医生看到你的朋友后，邀请他把手伸出来进行把脉，同时轻敲他的肩膀和后背，问是否疼痛，最后开出一副药方。你会建议他按照哪一位医生的药方拿药？

相信大多数人会建议朋友听从第二位医生的诊断，并给出以下理由：“第二位医生显得更专业。”“第二位医生更用心。”“第二位医生更值得信任。”“第二位医生态度好。”

然而这个判断不一定正确，因为它是建立在感性的基础上做出的判断。

也许第一位医生的医术已经出神入化，一眼就能看出他的病因。而第二位医生可能第一眼没有看出病因，无法进行确诊，需要通过号脉、敲打和询问最终得出结论。但是你会认为第二位医生更专业和可信，因为肢体接触让你认为他更有温度。

肢体接触能够温暖彼此，快速建立信任。孩子 6 岁前和父母的关系非常亲昵，因为他和父母之间有很多肢体接触和眼神交流。但是随着孩子慢慢长大，和父母的肢体接触逐渐减少，关系也不如之前亲昵。

热恋期的情侣也非常亲昵，无论在哪里都想牵手，有很多肢体接触。两人关系淡化的显著标志就是肢体接触减少，最终导致分手。

很多男士在互相不认识的情况下，通过一个借火点烟或接过对方的烟给自己点烟的动作，不一会儿就能像老朋友一样攀谈起来。因为他们进入了彼此的安全区，有了间接的肢体接触，信任感得到了增强。

在社交新零售时代，社交在前，新零售在后，没有利用社交建立信任，新零售就是空谈。虽然现在很多人提高了销售技能，但是却减少了社交意识，总是关注于如何用商业计划和产品让客户心动，却忽视了社交关系的建立。

许多刚从事微商创业的伙伴，虽然不够专业，但是，通过不断询问和亲自会见客户，能实现很高的成交率。当他更专业后，客户进行咨询时却没有了足够的询问和接触，直接对客户说：“你的情况我见多了，你只要早晚用这款产品，很快就会好的。”

很多人约见客户，一开始就让对方被迫听他滔滔不绝的讲解。甚至有时明明是你请对方吃饭，却只顾讲解自己公司和项目的优势，迟迟没有点菜。虽然精神可嘉，但是商业气息过于浓郁，缺少了社交的温度。

在我看来，一切智慧都源自生活，我们要向生活学习，于是“得寸进尺”沟通法应运而生。所以，你开始和陌生人沟通时，要慢慢进入对方的安全空间，创造机会与对方产生肢体接触。

其实在倾听对方的过程中，身体慢慢向前倾，就是拉近彼此距离的一种方式。你越是前倾，对方就会讲得越兴奋，因为他在内心开始信任你。当他允许你进入他的安全空间，说明他愿意把更多的内容分享给你。

现在越来越多的女性开始创业，运用这个方法，可以让你快速拉近与同性的距离。很多女性喜欢佩戴一些小饰品，你只需要学会赞美对方的小饰品，就可以拉近彼此的距离。

例如赞美对方的手表好看，再慢慢靠近身体，继续赞美：“你的手表真精致，显得你整个人既优雅又大气。”

接下来，你可以试探性地询问对方，如何得到它或者在何处选中它等。如果对方没有表现出抗拒感，你就可以继续“入侵”对方的安全空间：“我真的太喜欢它了，可以让我近距离地看一看吗？”

一旦对方点头，你就可以自然地靠近对方，甚至对方会主动把手抬起来。这时你可以顺势拉着对方的手，近距离欣赏这款手表。慢慢地你会发现你们的关系越来越好，像多年的老朋友一样。

在日常沟通中学会灵活运用这一方法，你就会发现身边的每一个人都很好沟通。

专业知识

你对产品的专业知识非常了解，会极大增强你的信心，也会给客户留下良好印象，从而更加想要购买。

因为熟悉，所以专业；因为专业，所以极致。

现在有人抱怨生意越来越难做，实际上是各行业对专业度的要求越来越高，越来越精益求精。市场淘汰掉缺少信用、吹牛浮夸和不脚踏实地的人，留下了坚持品质、真才实干和踏踏实实做事的人。

目前，真正的危机不是金融危机，而是道德与信任危机。未来只有专家才能成为赢家，因为专家代表信任感，专家代表说服力。顾客不会和业余选手“玩”。

在社交沟通中，我们要把自己打造成为专家。如何一开口就让人感受到自己的专业？不妨问问自己这几个问题：你的产品能给顾客提供哪十大好处？你的产品为什么值这个钱？你的产品最大的几个卖点是什么？顾客为什么一定要买你的产品，最大的理由是什么？

我经常使用九宫格填空法寻求产品的优势，具体做法是：拿出一张白纸，用笔隔成九宫格，中间一格写上产品名或项目名，在其他八格填入该产品的优势。

产品价格优势	服务品牌优势	平台优势
品牌优势	产品	领导者优势
模式优势	客户体验优势	附加值优势

例如，我对“沙龙魔法”课程的卖点梳理有：

学会沙龙魔法能整合资源；

学会沙龙魔法能一呼百应；

学会沙龙魔法能上市路演；

学会沙龙魔法能凝聚人心；

学会沙龙魔法能提升士气，帮你建设团队；

学会沙龙魔法能迅速增强你的自信；

学会沙龙魔法能快速建立人脉，提高收入；

学会沙龙魔法能吸引所有人的目光，让你脱颖而出；

学会沙龙魔法能传递你的思想和智慧；

学会沙龙魔法能让你的事业快速提升；

学会沙龙魔法能让你的销售转化率翻倍；

学会沙龙魔法能一对多批发式成交；

学会沙龙魔法能提升个人魅力；

学会沙龙魔法能让你朋友遍天下；

学会沙龙魔法能让你获得顶尖人脉，建立、维护和升级人脉资源；

学会沙龙魔法能让你实现财务自由；

学会沙龙魔法能让客户迅速建立信任感；

学会沙龙魔法能带动更多人实现财富自由；

学会沙龙魔法能让你快速打开全国乃至全球市场；

学会沙龙魔法能说服人才留下，杜绝人才流失；

学会沙龙魔法能实现员工自动自发行动，实现领袖解放；

学会沙龙魔法能解决团队裂变难的问题；

学会沙龙魔法能进行线上线下招商引资；

学会沙龙魔法能让你业绩倍增，助你吸引投资，寻找合伙人；

学会沙龙魔法能让你突破内心恐惧，不再畏惧舞台；

学会沙龙魔法能让你三句话把控住全场；

学会沙龙魔法能让你批发式销售产品；

学会沙龙魔法能实现零成本快速创业。

认同对方

永远肯定和认同对方，你要做到：

肯定对方的立场；

肯定对方的情绪；

肯定对方的动机；

肯定有新的可能性；

肯定对方说这话的能力；

肯定对方值得肯定的地方。

你可以用这些话语肯定对方：

“你说的很好”；

“你这个问题问得很好”；

“你讲得很有道理”；

“我理解你的心情”；

“我了解你的意思”；

“我认同你的观点”；

“我尊重你的想法”；

“我相信你这样讲一定有你的道理”；

“我知道你这样做是为了我好”；

“站在你的立场我也会那么说（想）”；

“我很欣赏你的判断能力”；

“我很佩服你的观察能力”。

还可以用本书第二章、第三章和第五章中讲到的倾听、微笑和赞美来认同对方。

聚焦需求点

寻找并激活对方的需求点，是实现成交的前提。

寻找需求点

每个人在做一件事或选择一样东西时，都会有一个心动点，也就是需求点。这些需求点受到两大因素的影响：一为了有所得；二为了避免有所失。

每个人的需求点都是独一无二的。例如你选择目前的事业，你的需求点是实现财富倍增。于是你逢人就讲这份事业如何帮助你实现了财富倍增，结果你发现很多人兴奋地加盟，和你一起合作。

萱萱是一名宝妈，她加盟微商的原因是希望获得财务自由，不想成为一个只会伸手找老公要钱的女人。她希望自己能成为老板，决定自己的收入。同时也希望能把孩子送到最好的学校接受教育，依靠自己拥有一幢度假别墅。

所以，财务自由是她的“需求点”。她对这些目标非常痴迷，谈起就停不下来，对实现财务自由充满了热情。

萱萱在一场宝妈聚会活动中遇到了目标客户慧慧，邀请她一起畅谈生意计划。与往常一样，萱萱热情洋溢地讲解她的微商计划，慧慧觉得不错，并表示愿意加盟。

但后来萱萱再也没有见到慧慧。她不明白慧慧为什么没有行动？

原因在于慧慧的“需求点”不是财务自由，她不想发大财、住豪宅或开豪车。虽然她觉得财务自由不错，但是这不足以打动她进行加盟。

其实，真正让慧慧心动的是能够结交新朋友和学习新技能，扩大自己的生活圈。可是萱萱在给慧慧讲解的过程中，并没有让慧慧说出自己的“需求点”。因为她一直滔滔不绝地向对方灌输财务自由的观念。当时，慧慧被她的激情讲解冲昏了头脑，但是第二天她就清醒了。几天后，慧慧就将她的讲解忘得一干二净。所以，慧慧没有行动的原因，是因为萱萱没有发现她的“需求点”是“结交更多新朋友”。

大多数人都会犯这样的错误：不了解对方的需要点是什么，长篇大论地讲自己产品的特点，结果往往是无人买账。

一天，有位老太太来到一家水果店，她问老板：“你这儿有李子吗？”

老板赶忙迎上前去说：“老人家，您要买李子啊？我这儿当然有啊！您看，这李子又大又甜，刚运过来的，不甜不要钱，还新鲜得很呢！”

没想到，老太太听了老板的话后，竟然扭头就走。

老太太来到第二家水果店，向这家店的老板问了同样的问题：“你这儿有李子卖吗？”

第二家的老板也马上迎上前去说：“老人家，您要买李子啊？”

“是啊。”老太太应道。

“我这里的李子有酸的也有甜的，您是想买酸的还是想买甜的？”

“我想买两斤酸李子。”

第二家老板动作利索地给老太太称起了酸李子。他边称边好奇地问老太太：“在我这儿买李子的人大多喜欢吃甜的，您为什么要买酸的？”

“哦，最近我儿媳妇怀上孩子啦，特别喜欢吃酸李子。”

“哎呀！那真要恭喜您老人家快要抱孙子了！有您这样照顾周到的婆婆，可真是您儿媳妇的福气啊！”

“哪里哪里，怀孕期间最要紧的是吃好，胃口好才能营养好啊！”

“是啊，怀孕期间的营养是非常关键的，不仅要多补充些高蛋白的食物，而且要多吃些维生素丰富的水果，生下来的宝宝也会更聪明！”

“是吗？哪种水果含的维生素更丰富，你给我推荐推荐！”

“很多书上都说猕猴桃含维生素最丰富！”

“那你这儿有猕猴桃卖吗？”

“当然有，您看我这进口的猕猴桃个大汁多，富含维生素，您要不先买两斤回去给您儿媳妇尝尝？”

于是，老太太不仅买了两斤李子和两斤进口的猕猴桃，而且以后每隔一两天就要来这家店里买水果。

从这个故事里，我们可以得出一个结论，成交型沟通就是要找到对方的需求。一旦找到对方的需求，成交就变得很简单。

永远不要做出假定，这会让你出尽洋相。

当你能够发现目标客户的“需求点”后，又能点燃他们的欲望，你就能达成高效沟通。

如何发现对方的“需求点”？

你首先要认真聆听对方的话语，其次可以进行试探性的询问，最后就可以快速确定对方的需求点。

可以通过“一聊二找三问”技巧，迅速确定对方的需求点。

了解客户要从聊天开始，聊天就是做生意。与客户见面的 20 分钟内，聊天话题要包括 FORM（F 即家庭、O 即事业、R 即休闲、M 即金钱）四个方面。

FORM 是指在商务沟通中，谈话的大部分时间不谈产品，而是通过与客户闲聊的方式，有目的地了解他的家庭、事业、兴趣以及财务状况，了解他的价值观、痛点和快乐，为以后的说服、销售和成交打下基础。

如果对方一直提到自己的孩子，你可以进行试探性地询问：“听起来，你很渴望给你的孩子一个好的经济基础，支持他出国留学，是这样吗？”

如果对方的回答是肯定的，那么你可以顺着这个需求点进行深入沟通。如果对方的回答是否定的，你可以直接问对方：“那么你现在最想要的是什么？”

在现实生活中，大多数人知道自己不想要什么，却不知道自己想要什么。所以，我们需要引导对方找到个人需求，并帮助他实现这一需求。

经常有学员问我：“彭老师，我现在很迷茫，每天不知道该做什么。”

我通常会先肯定对方：“嗯，我能理解你的感受。这说明你想找到自己的目标并努力实现它，对吗？”

“是的，可是我不知道该怎么办。”

“没关系的，可以说说你为什么如此迫切地想要找到自己的目标吗？”（引导对方关注需求点。）

“因为我不想继续这样混日子，我想有更多的收入，活得有尊严。”

“如果你能找到自己的目标，并且有能力实现它，对你来说会产生什么样的结果？”

“我想我会和你一样，每天充满激情和斗志，给身边的人带来正能量。我会过得很开心。”

当需求点被找到和激活后，实现成交就会非常简单和自然。

我们加盟一项生意的需求点有很多共性，你可以直接将这些需求点列为清单，让对方进行选择。例如：兼职收入、财务自由、自主创业、时间自由、个人成长、帮助他人、结交朋友、环游世界、健康美丽和孩子教育等。

你可以直接向你的目标客户提问：“你知道人们做微商 / 直销 / 保险 / 美容业……的原因吗？”

这个问题非常简单，同时也非常巧妙。如果你的目标客户回答“不知道”，你可以说“让我来告诉你”。

这时你可以拿出这份清单，看他的优先选择是什么？

如果目标客户做出了回答，你可以在他的回答中听出他的需求点是什么，然后进行探询式询问，最终确认他的需求点。

当然，你也可以在对方讲完后直接说：“让我来告诉你。”然后拿出这份清单让他进行选择。

激活需求点

找到对方的需求点后，需要对其进行激活，强化对方的正向动机。这样，对方会心甘情愿做这件事情，不需要你再进行说服。

五大问题

你可以用这五大问题激活对方的需求点：

你的第一优先选择是什么？

你为什么选择这一点？

这一点对你来说为什么如此重要？

设想一下，你如果做到了，会有产生什么结果?

如果可能的话，接下来你会如何做?

需要注意的是，你在提出这五个问题时不要转变话题。如果对方跑题了，你要提醒对方重新回到话题上。同时要注意，不要改变提问顺序。

这一技巧也可以单独运用在销售工作中。客户询问产品或项目金额时，很多人听完报价就不了了之了。但是如果你不给出对方报价，相当于拒绝客户的要求，接下来的成交可能会更加困难。

聚焦价值

价值不到，价格不报。

如果你没有提前塑造产品或项目的价值，也没有让对方感觉你的产品或项目是无价的，那么即使你的报价是 1 元钱，对方也会觉得贵。因为你没有让他看见产品或项目的价值。

有人问我“打造冠军团队”课程的学费时，我会好奇地问他：“你为什么对这个课程感兴趣？”

回答：“我感觉现在的团队很难管理，上班都不干正事，很闹心。”

我：“拿着工资却没尽到职责，确实很闹心，还有吗？”

回答：“我感觉他们没有志气，连我的话也不怎么听了……”

我：“这个问题有点严重，如果他们继续这样下去会怎样？（动力之一，逃避不想要的事物。）”

回答：“持续这样，好员工也会学坏，导致公司氛围变差，业绩没法干了。”

我：“如果有一种方法可以让你的员工主动工作、业绩倍增，你想不想了解？如果团队做到了这一点，你的公司会怎样？（动力之二，追求想要的事物。）”

对方学习该课程的动机越来越强时，对“打造冠军团队”的价值就会有一个新的认识。这时他的焦点在价值，而不在价格。

我们可以将这个技巧用于大多数客户询问产品或项目价格时，效果非常好。

阿俊和薇薇是一对夫妻，今年他们25岁，刚刚搬进新家，与娜娜家仅有两户之隔。在一次闲聊中，娜娜说自己从事移动互联网创业，并且很乐意告诉他们生意是如何运作的。

娜娜：“你们知道人们加盟微商的原因吗？”

阿俊：“有点儿像在微信上做销售，对吧？”

娜娜：“我来告诉你们吧。”

娜娜（随意拿出“需求点”卡片）说：“这些就是人们加盟微商的主要原因。你们的优先选择是什么？”

阿俊：“可能是财务自由吧。”

薇薇坚定地说：“肯定就是！”

娜娜：“你们为什么会选择这个？”

阿俊：“因为我要做两份工作，赚更多的钱偿还贷款。薇薇需要不停加班才能存一笔钱，小孩出生后才有经济保障。我们希望孩子能获得良好的教育，将来不必为了钱疲于奔命。”

娜娜：“这个为什么对你来说如此重要？”

阿俊：“你知道的，想早点还清房贷，将来能送孩子出国留学。”

薇薇：“对，我的父母辛辛苦苦才能勉强维持生计。我们不想再过那样的日子了。”

娜娜：“设想一下，如果实现了财务自由，会有什么好事情发生？”

阿俊：“我就不用每天辛苦地做两份工作，可以提前还清房贷，也能给父母提供更好的住房条件。”

薇薇：“我们也不用担心孩子的教育问题，重要的是，再也不用被债务压得喘不过气了。”

娜娜：“如果可能的话，你们会如何做？”

阿俊：“如果真的可能的话，我愿意去行动，努力让我们实现财务自由。”

很多夫妻都会面临对话中这样的困境。但是在这段对话中，娜娜用上文的五大问题，引导阿俊和薇薇透露出自己的“需求点”。如果娜娜没有引导他们自己说出来，即使她能幸运地猜中他们的“需求点”是财务自由，但是阿俊和薇薇也会认为这是她的观点。如果娜娜谈论财务自由，阿俊和薇薇很可能会表示反对。

但是，他们自己说出财务自由，表明这一需求点是确实存在的，也是他们可能会加盟娜娜的原因之一。

交谈过后，娜娜告诉他们自己的项目怎样运作，借由他们的原话，描绘出这一机会可能带给他们的利益和好处。从阿俊和薇薇的立场上看，这是实现他们梦想的最佳途径。

价值塑造

> 顾客不会只为信任买单，但会为价值买单。

价值是客户从购买商品中获得的全部利益。一旦客户理解了产品的价值，价格就变得不重要。

我们要在与客户沟通的过程中，让客户的焦点从价格转移到价值上。因为顾客真正关心的是产品的价值。

给产品塑造价值时，你可以使用一个非常实用的技巧：价值放大，价格缩小。

价值放大

价值放大的三大关键要素分别是：勾画场景、做好对比和明确数据。

勾画场景

> 顾客买的不是特点，而是价值。

特点是一件产品特有的某种属性，价值是产品的这一特点在各个场景中带给客户的好处。

例如购买豪车的人是真的喜欢豪车本身吗？如果这辆车只能在荒无人烟的马路上行驶，你还想要吗？

深入思考后你会发现，与其说客户买的是产品，不如说客户买的是这件产品在各个场景中带给他的美好体验。

所以，塑造产品价值时要从单纯的功效思维上升到场景思维。

一位女士的菜篮子里装满了菜，卖菜的大妈说："妹啊，再来两斤毛豆呗！"

女士答道："今天菜够了，不买啦！"

大妈："你看现在是阴雨天，出去也不方便。一家人煮锅毛豆，一边看电视一边嚼毛豆，多好啊！"

女士略做思考："行，那来两斤。"

如何通过语言勾画场景？如何引导客户想象拥有你的产品或项目后，出现美好的画面（先有画面，再把画面变成具体的语言）？

以本书为例，你可以说："想象一下，你学会激活他人正向动机的说服技巧，可以在任何一个社交场合做到淡定从容。因为你可以掌控谈话，这感觉实在是棒极了，不是吗？"

"想象一下，你通过自己的努力，灵活运用书中的说话技巧，让你在生意里取得成功，住进自己心仪已久的房子，你会如何感谢今天做出决定的自己？"

"想象一下，你灵活运用这些沟通技巧与朋友们交谈，是否能让身边的朋友越来越喜欢你，甚至与你合作？当你的能量逐渐增强，是否会更容易成交客户，客户甚至会主动找你购买，这种感觉应该很爽，对吗？"

做好对比

在塑造产品价值的过程中，你可以找出相应的参照物，通过对比的方式体现产品价值。客户很难对一款陌生产品做出价值判断，但是通过对比能让人快速产生联想，从而做出选择。

当你说一个人很帅，却无法知道他到底有多帅，因为没有一个参考标准。如果你告诉他这个人像彭于晏一样帅，对方就能产生联想，能体现出他的帅。

如果客户不清楚一款产品的研发成本、制造成本、渠道成本和营销成本，很难对一款产品的真实价值做出判断。

客户愿意花高价购买一款产品，依靠的是对比，是这款产品在同类产品之间性价比的对比、新功能对生活改善的对比、使用习惯的对比和品牌好感度的对比等。

乔布斯在介绍苹果手机时，他将苹果手机和MP3进行对比，又与照相机和游戏机进行对比。他告诉消费者这些功能苹果手机全部具备，而且使用更便捷，价格比这些产品加起来便宜，关键是出门不再需要带这么多产品。于是，苹果手机火了。

商家通过对比，塑造出苹果手机的价值，让用户认为这是世界上最好的手机，自然容易接受苹果手机的价格。

> 顾客能够感知的只是相对优势，而不是绝对价值。

对比的方法有很多种，有些产品可以直接对比功能的独特性和价格。还有一些更高层次的对比，需要我们为客户展示出来。

1. 与过去的产品和体验对比。

与过去没有这款产品的体验做对比，是一个容易让客户产生直观感受的方式。例如过去听歌用磁带，现在用手机；过去出门乘坐绿皮火车，现在乘坐高铁。如果你的产品有创新，可以把新产品与旧产品进行对比，突显新产品的价值。

2. 与竞争对手的产品对比。

田忌赛马这个故事告诉我们，灵活地调整能突显自身优势。与竞争对手的对比，不是让我们去诋毁竞争对手，而是要用己之长攻彼之短，让自己立于不败之地。

例如公司招聘，公司规模很小时，可以对面试者说大公司虽然很好，但是竞争非常激烈，很难有展现自己实力的机会，很难获得晋升。初创型公司虽然规模小，但是机会多，能力可以得到最大的展现，还有机会成为公司的股东之一。

如果你的公司规模很大，可以对面试者说，就业就要选择大公司，起点高，格局视野大，未来才会有更好的发展。

如果你的产品或服务比竞争对手更具优势，可以直指竞争对手的软肋，放大自己的优势，让客户充分感受到你提供的价值比竞争对手更高。

3. 与客户不采取行动进行对比。

你可以告诉客户，购买产品后可以获得什么，不购买产品将会失去什么。你要一针见血地指出客户的痛点，分析甚至放大它，让他知道不采取行动将失去什么。

自从有了孩子，厅堂、厨房和幼儿园就成了你生活的全部，如果这是一项工作，你觉得是什么样的职业？

如果你此生的价值相当于一个保姆，你觉得这是你梦想的生活吗？

经济地位决定上层建筑，你认同这句话吗？如果没有经济收入，你在家里有话语权吗？

依赖男人的女人更可爱，还是支撑男人的女人更可爱？

吴京的老婆在吴京拍摄《战狼2》时说："如果亏了，我养你！"如果我们面临和吴京一样的处境，你有勇气说出这句话吗？你有这个能力吗？

如果未来家庭面临困难，你要依靠什么来面对？

这样的生活已经持续了多久？

这样的生活是你想要的，还是你老公想要的？还是彼此都不想要，只是因为有了孩子，不得不如此？

有没有想过改变这种与社会脱钩的生活？一个完全没有收入来源的人，很难真正找到自信和生活乐趣，你说呢？

如果你在不影响生活的情况下，可以增加一些收入，减轻老公的压力，你会不会考虑？

如果有个产品可以给你和家人带来健康，在体验后发现确实不错，你会不会分享给身边的人？

如果他们也感觉很好，你可以把它当项目来经营。这样一来，既帮助了朋友，又成就了自己，你觉得这样好不好？

你可以把自己使用产品前的坏结果和使用产品后的好结果进行对比式分享。例如我学习这本书的沟通技巧前，辛苦工作了半年却没有业绩。但是现在却能在一个小时的招商会中，收取上百万元的现金。

明确数据

阿拉伯数字看似简单，却能表达出最深奥、最具说服力的意义。塑造产品价值时，你可以使用数字把结果明确地展示给客户。

你要具体地表达出你能给客户带来的价值，有数据才能体现出真实性。

例如“我的数学培训课能够在一个月内，轻松帮你的孩子提高10分以上”。

很多广告语会把产品制作过程通过数据展示给客户，让客户感受到产品与众不同的价值。例如“108道工序、30次熨烫、23000针缝制、100%用心检验，造就一条九牧王男裤”。

数据化的展现，能够让客户立刻感受到裤子的价值，更容易实现成交。

价格缩小

例如一门课程售价为10000元，看似很昂贵。但是，投资10000元就能让自己一辈子都拥有赚钱的能力，你觉得值不值？这个能力可以用一辈子，相当于每天不到1元钱。每天投资1元钱，就能让自己无论走到哪都能成交客户，成为身边人的偶像和榜样，带给孩子和家庭更好的生活，不是非常值得吗？

一位保险销售员在小区推销儿童保险，妈妈们前来询问保险的缴费情况。销售员不加思索地说：“每年交1万元，直到孩子年满18周岁。”

话音刚落，早已“人去楼空”。面对每年1万元的保险费，妈妈们望而却步。

几天后，销售员又来到这栋住宅楼，他高兴地对每位妈妈说：“告诉你们一个好消息，现在我们儿童保险业务出台了一项新政策，每天只需几元，就可以为孩子们购买一份保险。”很多妈妈一听都围上来询问：“怎么会有这么便宜的保险？”

销售员解释道：“我们公司是正规的大型保险公司。为了照顾儿童，公司重新修改了儿童保险政策。每天交 2 元，直到孩子年满 18 周岁。每天为孩子省 2 元钱不难吧？”

听完销售员的介绍，妈妈们纷纷购买这一保险。

这就是价格缩小的好处。

需要注意的是，讲解产品计划时，要使用目标客户的原话。

例如你可以说：“这意味着，你能掌握自己的命运，有更多的时间和家人待在一起。”

“这意味着，你能过上你希望的、舒适的退休生活。”

“这意味着，你能每天淡妆出门，不仅拥有美丽，还能减少化妆品对皮肤的伤害。”

讲解产品和计划时，如果你使用目标客户的原话，你的讲解就与他们息息相关，会变得有意义，更能激励人心。

解除抗拒

你可以在案例中植入抗拒点并将其解除，也可以通过“认同——提问引导”的方式解除客户的抗拒。

故事解除

客户询问产品介绍者：“做微商要层层招代理，是不是传销？”

这时，你可以说：“你说的我能理解，其实每个行业都有厂家——省代——市代——批发商——零售等环节，否则我们买苹果手机岂不是要去美国总部买？假如厂家不走零售，我们只能在家自己制造产品。所以说，微商只是一个适合草根阶级创业的行业。而且国家政策是大众创业、万众创新，国家都支持的行业，现在做肯定合适，对吗？”

对方主动说出疑问或抗拒点，你可以用讲故事的方式解除他的抗拒。

认同——提问引导

对方说“我没有钱”时，你可以用“认同——提问引导”的方式进行回答。

“这正是我们需要创业的理由，不是吗？如果连这点钱你都觉得心疼，你还有什么理由拒绝赚钱？如果家里没有钱，说明你家里压力太大，你不觉得应该为老公分担一些吗？如果家里有钱而你没钱，那你更应该做出决定了，你觉得呢？”

“你平时做美容或者买护肤品吗？看到自己喜欢的衣服会买下来吗？看到自己爱吃的美食会坐下来享用吗？如果会，这些也要花不少钱。如果只需投资几百元，你就可以结交到一群正能量的朋友，也可以维护家人的健康，这样的投入你觉得值不值？如果不会，也不等于不想，你觉得呢？你的选择不是我应该强迫的，而是你需要对自己有个交代。如果你选择不改变，那么生活会依旧如此。但是，只有改变才有希望，你觉得呢？”

需要注意的是，你要通过提问让客户体会到不做出改变的痛苦以及做出改变的快乐。

大胆成交

如果你的产品很好却没有成交，他能用上你的好产品吗？能获得他想要的改变吗？你有真正帮助到他吗？

如果你的项目很好却没有成交，他能借助你推荐的项目成就自己吗？能实现自己想要的人生吗？你有真正帮助到他吗？

如果你的点子很好却没有成交，他能快速认同你，让自己走出困境吗？你有真正帮助到他吗？

爱他，就去成交他。

成交是为了爱。成交即成就。

好的开始是前提

爱是因，成交是果。一个人要想有好的结果，必须先有好的开始。

很多人有这样的担心，“我的产品市场竞争力不强怎么办”“我的沟通能力不强怎么办”“我的客户服务不好怎么办”。

他们担心的是结果。

有智慧的人，会在“因”上做更多努力。因为他们知道，与其在担心中虚度时光，不如想办法提升自己的能力，为客户创造更大的价值。

我经常对自己说，我从事的这份工作，就是要付出尽可能多的努力帮助客户获得成功。因为我知道每次成交的背后都是一份成就。全力以赴帮助客户是我的责任。

正如佛家所言：“因上努力，果上随缘！”

山中有一座古寺。春天来临时，方丈对小和尚说：“十方，把这些花的种子种了。”小十方接过方丈递来的种子，急忙种在花坛里。方丈嘱咐道：“十方，你要天天给这些种子浇水，适量施肥，待种子发芽后，你要好好爱护它们。”小十方听后欣然点头。

小十方按照方丈的嘱咐，天天照料花儿，一天都没有偷懒。眼看院子里的玉兰花开了又败，樱花开了又败，桃花也已灼灼其华。小十方种的花却还绿着叶子，没有开花的迹象。

小十方感到很失落。方丈看到小十方每天焦急地守在花坛边等待花开，便说：“十方，一切随缘就好。”

小十方忍不住问：“方丈，既然说随缘，为什么还要我每天努力照顾它们？我付出了那么多，可是花还是没有开。我很难受。”

方丈笑了，拉着小十方，盘腿坐在院子里说：“佛家讲究一切随缘，但是又要求我们努力。许多人认为这是矛盾的。可是你想，没有努力何来结果？如果没有意料中的结果，我们又何必执着！我们要因上努力，果上随缘呀！”

如果一个男孩总是计较自己对女孩的付出，害怕万一将来女孩不同意和他在一起，这些岂不是竹篮打水一场空。当他计较得失时，他的心就不真诚了，自然做不到真爱，分手也是必然的。

我们在对待客户时也是一样，越不计较回报，真心去爱他、成就他时，对方会感受到我们的真诚，进而被我们感动。

信心决心是关键

唯有彻底说服自己，才能说服他人。

成交最重要的是信心和决心。信心代表相信行业、公司、产品和自己；决心代表承受拒绝的次数。

在电视剧《士兵突击》里，许三多的故事感动了很多人。重新分配时，许三多来到了远离真正军旅生涯的红三连五班。可是，在这样一个地方，许三多却找到了一条光明大道。

因为没有目标，五班的每个人都在混日子。但是做事认真的许三多，每天坚持一个人出早操、走正步和整理内务，还会帮助他人，这让原五班的人觉得许三多扰乱了他们的正常生活。但是许三多依然坚持着。老马想用不可能完成的铺路故事改变他，但是许三多坚持了下来。正因为他的坚持，影响了整个队伍的状态。

《庄子 · 渔父》中说：“真者，精诚之至也，不精不诚，不能动人。”

人们之所以越来越相信你，是因为能感受到你的真诚。相信你是真的在做这件事，是真的热爱这个行业，愿意把全部的爱投入到你从事的事业中。当你认真时，你就拥有无穷的力量，拥有无尽的爱，拥有巅峰状态。

找到对方的“需求点”后，你只需要满足他们，去成交。只有成交了他们，他们才会得到满足，才会获得真正的幸福。成交是为了爱。

所有的影响力、领导力和个人魅力，最终都要在成交上显现出来。对一个人的爱，就是把他自己的梦想成交给他，让他愿意为之奋斗。

不要害怕被拒绝

成交往往来源于多次被拒绝。很多人害怕被拒绝，感觉很难受。其实，当你真心为对方好时，对方拒绝了你会更难受。

作为父母，你拒绝孩子的合理要求时，你会非常难受，感觉对不起孩子。当孩子多次提出要求，父母实在不忍心拒绝时，就会满足孩子的要求。

心理学有一个著名的“拒绝——退让”原理。意思是拒绝的一方会感觉亏欠对方，于是在心理上会下意识地做出让步。

一位女士看电视时对老公说：“看这枚钻戒好大、好漂亮，才五万多元，给我买一枚吧！”老公赶紧说：“太贵了，太贵了，不买！”

女士没说什么，继续看电视。过一会儿说：“这件貂皮大衣不错，才八千多元，要不买它吧！”这时老公犹豫了一下，还是说：“太贵了，不买了！”

最后女士说：“好吧，今天的碗你去洗。”老公马上说：“好的，我去洗”。

这就是“拒绝——退让”原理，老公每拒绝一次，内心就会做出一次让步。到第三次时，看到老婆都做出了这么大的让步，他也要做出让步，就同意去洗碗了。

你想让客户投资 2 万元时，要从 6 万元或者 8 万元开始成交。这时你就有了让步的空间，对方连续拒绝几次后，也会做出让步，就能实现 2 万元的成交了。

60% 的销售都是在被拒绝 5 次后才能成交，只有 4% 的人能坚持被拒绝 5 次以上。

1946 年，西尔维斯特·史泰龙出生在美国纽约市的贫民区。由于难产，医生使用助产钳助产，导致史泰龙左脸颊部分肌肉瘫痪，左眼睑与左嘴唇下垂，口齿不清。

1976年，史泰龙根据自己的生活写了一部剧本。当时，好莱坞共有500家电影公司，他按照自己提前计划好的路线与名单，带着为自己量身定做的剧本，一一拜访每家电影公司。

第一遍拜访结束，500家电影公司没有一家愿意聘用他。面对拒绝他没有灰心。他整理好心情，从第一家开始了第二轮的拜访与自我推荐。

第二轮拜访以失败告终，第三轮拜访的结果也是如此。但是，这位年轻人没有放弃，不久之后，他又咬着牙开始第四轮拜访。

终于，一家电影公司的老板答应让他留下剧本先看一看，他欣喜若狂。几天后，他得到通知，请他前去详细商谈。在此次商谈中，这家公司决定投资开拍这部电影，并请他担任剧中的男主角。不久，电影《洛奇》问世。这部仅耗时2个月的低成本影片，一经上映就引起空前轰动，创造了奇迹般的票房。为了这个成功，史泰龙被拒绝了1855次。

每位成功人士都经历过无数次拒绝，经历过无数次失败，才最终成就辉煌。

所以，大胆去成交吧。

今日功课

· 学会用营销五步沟通法，让自己达成一次成交。